Buchhandel im Internet

- Praktische Tipps -

Druck: Lulu Enterprises Inc. 860 Aviation Parkway Suite 300
Morrisville, NC 27560

1. Auflage

ISBN 978-1-4092-0436-7

Inhaltsverzeichnis

Ich und meine Website

Abb. 1 http://www.goethe.de

Warnmeldungen aus dem Jahre 2001 sprachen von einem „Flächenbrand" im deutschen Fachbuchhandel. Angesichts der Verluste durch den starken Rückgang im Anzeigengeschäft verabschiedeten sich mittelständische Verlagshäuser von ihren „unprofitablen" Fachbuchhandlungen.

Eine Studie der Cell Consulting AG stellte am 30. November 2001 fest, dass die „besorgniserregende Lage" vor allem bei den kleineren Buchhändlern Sanierungsmaßnahmen notwendig mache. Das Beratungsunternehmen empfahl, „neben den Maßnahmen der klassischen Unternehmenssanierung oder der Einbringung in eines der großen Buchhandelsunternehmen sollen vor allem neue Kooperationsformen im Handel den zukünftigen wirtschaftlichen Erfolg sicherstellen." Durch die Schaffung neuer Einkaufsverbände oder moderner Franchisekonzepte ließen sich, so das Unternehmen, die Vorteile einer regionalen Marktpräsenz und Tradition mit den erforderlichen Größenvorteilen in Einkauf, Lagerhaltung, Prozessen und IT-Einsatz verbinden.

Eugen Emmerling, Pressesprecher des Bösenvereins des Deutschen Buchhandels, meinte jedoch ganz optimistisch: „Verglichen mit anderen Medien hat sich das Buch erstaunlich gut gehalten." Positiv entwickle sich der Absatz von Taschenbüchern, Kinder- und Jugendbüchern sowie Fachliteratur. Und für die Zukunft formulierte das Börsenblatt auch recht gute Aussichten: „Was bringt das Internet künftig für unabhängige Verlage und Buchhandlungen ... noch kaum ausgereizt scheint ... der gesamte B-to-B-Markt; angefangen vom Internet als Bestellweg für den Buchhandel bis hin zu Presse- und Vertreterarbeit ..."

Was habe ich davon?

Erst einmal sind Sie dann auch dabei. Für ein Unternehmen ist es heute ein Muss, im Internet präsent zu sein, jederzeit ansprechbar also. Und nicht nur Ihre Kollegen, Lieferanten oder Ihre Kunden können dann stolz ihre Webadresse auf die Visitenkarte prägen, auch Sie! Denn wenn so manch einer Ihrer Kunden mal eben schnell im Internet nach Literatur sucht, dann könnte er Sie doch finden! Könnte, wenn Sie drin wären.

Aber nun mal schnell alles Positive aufgezählt, viele Möglichkeiten für Sie und Ihr Geschäft, dann überzeugt Sie das vielleicht doch früher oder später:

1. Sie werden im Internet gefunden, weltweit.

2. Man kann sofort mit Ihnen Kontakt aufnehmen, zu jeder Tages- und Nachtzeit.

3. Sie können Ihre Person und Ihr Geschäft präsentieren wie in einer Hochglanz-Broschüre. Nur kostet es sehr viel weniger und jeder kann es lesen.

4. Ihre Kunden können auf Ihrer Website nach Büchern suchen oder wenigstens eine Anfrage stellen oder eine Bestellung aufgeben.

5. Warum nicht Ihr liebstes Hobby publizieren, sei es Hermann Hesse oder der örtliche Museumsverein? Viele Leute freut es, und Sie gewinnen Freunde oder Gesprächspartner.

6. Gebraucht oder antik – ein Buch ist immer begehrt und Ihr Antiquariat auf Ihrer Website eine wahre Goldgrube.

7. Eigentlich könnte man ja auch Neuerscheinungen auf der Website bringen. Dem Nutzer fällt es gleich ins Auge und Ihre Website ist immer aktuell.

8. Aber laufen Sie nicht nur mit Ihrer Website herum, schauen Sie auch mal, wie Ihre Kunden im Internet ausschauen! Vielleicht gibt's doch ein paar Möglichkeiten der Zusammenarbeit?

9. Klein, aber fein – für Ihre Kunden haben Sie immer ein offenes Ohr, und der Unterhaltungsmöglichkeiten gibt es gar viele im Internet.

10. Haben Sie schon mal A gesagt? Dann können Sie auch E sagen, E wie E-Business oder e wie eBook. Immer beliebter, einfach zum Runterladen, und kostet kein Papier, keinen Druck, keine Logistik.

11. Eine Karte sagt oft mehr als tausend Worte. Warum nicht ein paar Grußkarten mit Bildern, Texten, Gedichten oder Backrezepten basteln? Und Sie schlagen gleich zwei Fliegen mit einer Klappe: der eine freut sich, und der andere kennt Sie dann auch!

12. Wer kauft, der will auch lesen. Schaffen Sie Raum für Ihre Kunden und lassen Sie Rezensionen schreiben! Machen Sie's wie die Großen, denn siehe, es funktioniert doch!

13. Buchbinden war einmal Ihr Handwerk, oder Sie bieten diesen Service mit an? Warum nicht auch auf Ihrer Website? Manche Berufe sind selten geworden. Und ein Privatsammler braucht vielleicht doch mal Unterstützung.

14. Keine Angst vor der Bezahlerei im Internet! Es gibt schon lange Dienstleister, die haben sich darauf spezialisiert. Alles nach Wunsch, ganz wie Sie es brauchen. Und Sie haben Null Arbeit oder gar Stress damit.

15. Die Presse ist für alle da, auch für Sie und Ihre Bücher. Und wenn der nächste Journalist Sie für seine Leser fragt, wo kann

man denn das Buch bestellen (falls der Leser nicht gerade um die Ecke wohnt), dann freuen Sie sich – er schickt Ihnen die Kunden auf Ihre Website.

Wie fange ich an?

Wenn das noch nicht genügend Punkte sind, es gibt noch hundert weitere, aber so viel Platz haben wir leider nicht. Im nächsten Kapitel erzähle ich Ihnen, wie Sie sich Ihre erste, einfach Website selbst zusammenbauen können und was sonst noch dazu gehört. Und hier vielleicht noch eine kleine Denkaufgabe für Sie: Wenn Sie ins Web wollen, wie möchten Sie da heißen? Einiges muss Ihnen da schon einfallen, denn „gibt's schon" ist gar nicht mehr so selten im Internet.

Meine Website Stück für Stück

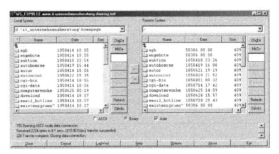

Abb. 2 FTP-Programm WS_FTP

Den Namen für Ihre Website haben Sie jetzt? Wie geht es weiter? Zuerst einmal brauchen Sie einen Internet-Provider. Provider – das ist so etwas Ähnliches wie eine Telefongesellschaft. Er ist der Herr über den Webspace, wie man den Speicherplatz im Internet nennt. Und bei Ihrem Internet-Provider mieten Sie Ihren Webspace für Ihre Website. Für den Anfang ist sicher das kleinste Paket-Angebot ausreichend. Meist haben Sie in jedem Paket die Möglichkeit, PHP, Perl oder ASP (als Programmiersprache) zu nutzen, und dazu die Datenbank MySQL. Diese Möglichkeiten brauchen Sie vorerst sicher kaum, aber achten Sie bitte darauf, CGI-Skripte (CGI = Common Gateway Interface) nutzen zu können. CGI ist die älteste und einfachste Möglichkeit, programmtechnische Aktivitäten in Ihre Website einzubauen.

Was ist das Internet?

Das Internet besteht heute aus Millionen von Computern, die miteinander vernetzt sind, also miteinander kommunizieren können. Diese Computer arbeiten vielfach als Web- oder Mail-Server. Das Internet besteht aus einer Reihe von Diensten. Davon nutzen Sie wahrscheinlich bereits zwei – das World Wide Web, indem Sie im Internet mit einem Browser surfen und sich Webseiten anschauen, und das Email, mit dem Sie Nachrichten empfangen und versenden können. Ein dritter

Dienst ist für den einen oder anderen von Ihnen darüber hinaus interessant, vor allem wenn Sie Ihre Website wirklich selbst erstellen und pflegen wollen, und das ist das FTP – File Transfer Protocol. Damit laden Sie am schnellsten Ihre Dateien auf den Web-Server, oder vom Web-Server auf Ihren Computer.

Text und Bild und was sonst noch?

Für Ihre Website benötigen Sie – wie für ein Buch auch – Texte, Grafiken und Fotos. Weiterhin ist es auch möglich, Videos, Flash-Filme oder Musik einzubinden, interne und externe Programme zu nutzen und mit vielen anderen Informationswegen (z. B. Email, FTP, Fax, Telefon) zu kommunizieren. So, wie ein Grafiker einen Prospekt gestaltet, überlegen Sie zuerst, wie Ihre Website und - vor allem -, wie Ihre Struktur (Sitemap), einmal aussehen soll. Natürlich können Sie auch Dateien zum Download anbieten. Achten Sie aber bitte darauf, Dokumente, elektronische Bücher oder umfangreiche Grafiken möglichst in gepackter Form (z. B. als .zip-Datei) bereitzustellen.

Sind Formulare unbedingt nötig?

Nein. Aber Sie möchten doch mit dem Besucher Ihrer Website kommunizieren oder ihm wenigstens ein Kontaktformular anbieten? Formulare für unterschiedliche Anwendungsgebiete finden Sie in Skriptsammlungen im Internet, oder Sie bauen sich Ihr Formular mit Hilfe eines HTML-Editors selbst. Ein Formular braucht jedoch immer eine „Aktion", ein Skript, das die Daten aus Ihrem Formular erkennt und entsprechend weiter verarbeitet. Von mir können Sie beispielsweise ein kleines Perl-Skript anfordern, das Daten aus einem Formular in eine Email schreibt und diese versendet. Mit solch einfachen Formularen lassen sich aber auch Bestellungen realisieren, also sogar ein kleiner Shop aufbauen. Weitere Möglichkeiten sind Meinungsumfragen auf Ihrer Site, ein Preisrätsel für Ihre Kunden oder ein Upload-Formular für Fotos oder Dateien. Als Upload bezeichnet man das „Hochladen" von Dateien auf den Web-Server, im Gegensatz zum Download, das „Herunterladen" von Dateien aus dem Internet, also von einem Web-Server.

Welcher Editor ist der Richtige?

Sie kennen vielleicht Texteditoren, in der Regel im Ordner
„Zubehör" auf Ihrem Computer zu finden? Oder Sie kennen
Microsoft Word? Ähnlich wie ein Textprogramm, mit dem Sie
Ihre Briefe schreiben, funktioniert ein sogenannter HTML-
Editor. HTML ist die grundlegende, aber auch einfachste,
Sprache des World Wide Web. In diesem HTML-Editor
schreiben Sie, oder Sie kopieren Ihre Texte in den HTML-Editor
hinein, fügen Bilder und Tabellen hinzu oder gestalten
Formulare. Entdecken Sie Ihren HTML-Editor genauso wie
jedes andere Programm – probieren Sie es einfach aus!
Empfehlen möchte ich Ihnen für den Anfang das Programm
„Frontpage", das im Programmpaket fast aller Windows-
Betriebssysteme enthalten ist. Oder für die bereits Geübten
unter Ihnen – Phase 5, der beste mir bekannte HTML-Editor,
sehr umfangreich in seiner Funktionalität. Bitte verwenden Sie
nicht die HTML-Funktion Ihrer Microsoft-Office- oder Ihrer
Grafikprogramme. Die daraus generierten HTML-Seiten halten
vielen Praxis-Tests nicht stand.

Wie geht es jetzt weiter?

Bauen Sie Ihre Website selbst oder vertrauen Sie den
Computerkenntnissen Ihres Sohnes. Natürlich wird Ihnen auch
jede Werbeagentur oder jeder Computerservice weiterhelfen.
Finden Sie das FTP-Programm, das zu Ihnen passt und lassen
Sie sich dabei von Ihrem Internet-Provider beraten.

Ein Redaktionssystem für meine Website

Abb. 3 http://www.contentmanager.de

Das Börsenblatt des Deutschen Buchhandels schreibt: „Der Online-Umsatz der Sortimente wächst deutlich. Am besten verkaufen sich Sachbücher."

Ein wichtiges Marketing-Instrument für den Buchhandel ist also das Internet allemal. Im letzten Kapitel haben Sie erfahren, was alles zu einer Webseite gehört und was Sie zum Erstellen Ihrer Internet-Seiten benötigen. Heute nun geht es um die Frage, wie Sie Ihre Webseite besser und schneller aktualisieren können ... nicht jeder schreibt gern HTML-Seiten.

Redaktionssysteme

Für diesen Zweck stehen Ihnen zuerst einmal Redaktionssysteme zur Verfügung. Entstanden, wie uns der Name verrät, aus dem Verlagswesen. Denn die Redakteure von Zeitungen waren die ersten, die mit ihrem Druckhaus mit Hilfe eines Redaktionssystems kommunizierten. Es sollte ja alles möglichst schnell gehen.

Daraus entwickelten Software-Unternehmen und Werbeagenturen eigens für bestimmte Kunden zugeschnittene Redaktionssysteme, die es ihnen ermöglichen sollten, Texte und Bilder ihrer Webseite selbst zu aktualisieren. Zum Beispiel den News-Bereich. Oder die Pflege eines einfachen Bestell-Shops. Oder Verbandsinformationen, neue Dokumente zum Downloaden, vielleicht auch ein Newsletter. Und aus diesem entdeckten neuen Kundenbedürfnis entwickelten sich mehr oder weniger standardisierte Produkte, die für einen größeren Kundenkreis geeignet sind, also bereits eine Reihe allgemeiner Features bieten wie Templates, Editor, Datei-Upload, dynamische Navigation, Datenbank, Linkprüfung, Bildverwaltung, Datenex- und -import, Sitemap und mehr.

Eine Reihe Systeme werden kostengünstig bis kostenlos angeboten, am besten zu recherchieren unter http://www.contentmanager.de mit dem Produktstichwort „Redaktionssystem". Die jeweiligen Software-Unternehmen oder Web-Agenturen verdienen ihr Geld in erster Linie mit der speziell für Sie zugeschnittenen Template-Erstellung, oder mit Anpassungsmaßnahmen für das Redaktionssystem Ihrer Wahl. Oder mit einem Host-Service, der sich ASP (Application Service Provider) nennt. Mit Hilfe dieses Services haben Sie gar keinen Aufwand mit der Betreuung Ihres Redaktionssystems, sondern profitieren von der Dienstleistung, ständig das aktuellste Update Ihres Systems auch zu bekommen. Ein Update ist die aktuellste Version. Wieder gibt es etwas Neues – ein neues Modul (Software-Baustein) oder ein neues Feature (Funktion).

Templates

Was aber sind nun eigentlich Templates? Bisher haben Sie Ihre Webseite mit statischen HTML-Seiten betrieben. Nun erzeugt ein System dynamische oder immer wieder neue statische Seiten. Dafür benötigt es eine Design-Grundlage – das Template – für eine Seite Ihres Internet-Auftritts. Natürlich können Sie ein Template für eine ganze Reihe gleichartig aussehender Seiten verwenden. Für die Seitenelemente, die sich immer wieder ändern, werden spezielle Platzhalter vorgesehen. Zum Beispiel für Download-Links, Bilder, Überschriften, Text, vielleicht sogar für Text- oder Hintergrundfarbe. Diese Platzhalter werden dann, wie im

Redaktionssystem immer wieder neu festgelegt, dynamisch
ausgefüllt.

Templates können Sie, wenn Sie die HTML-Sprache
beherrschen, auch selbst erstellen bzw. Ihre bisherigen
statischen Seiten zu Templates – entsprechend den
Anforderungen Ihres Redaktionssystems – umarbeiten.

Editor

Einer von mehreren Editoren Ihres Redaktionssystems wird der
Texteditor sein. Damit bearbeiten, ändern oder aktualisieren Sie
Textinhalte auf der Grundlage eines Templates. Entweder wird
Ihr Texteditor ähnlich wie ein HTML-Editor aussehen und auch
so funktionieren. Oder er ist wie ein HTML-Formular gestaltet
und legt nur die Textinhalte offen, weniger jedoch die
Formatierungen.

Seitenadministration

Ihr Redaktionssystem muss auch die Möglichkeit bieten, Seiten
anzulegen, umzubenennen, zu kopieren und zu löschen.
Natürlich auch neue Bilder auf den Webserver zu laden bzw.
andere Multimedia-Elemente.

Datenbank oder Dateisystem

Es gibt zwei unterschiedliche Möglichkeiten, um Ihre
Seiteninhalte, die Sie im Redaktionssystem ändern können, auf
dem Webserver zu speichern. Das ist zum einen eine
Datenbank, die an das Redaktionssystem angeschlossen ist
und Ihre Seiteninhalte speichert. Und die zweite Möglichkeit ist
ein genau strukturiertes Dateisystem, das Textbausteine und
Bilder enthält. Wenn ich gefragt werde, und es gibt die Wahl
zwischen beiden Speicherarten, dann empfehle ich meistens
die Speicherung in einem Dateisystem. Nach meinen
Erfahrungen ist die dynamische Seitengenerierung beim Aufruf
einer Webseite damit erkennbar schneller. Und das wiederum
ist ein entscheidender Faktor für das Nutzerverhalten. Denn
kaum ein Internet-User wird Ihre Seite gern besuchen, wenn er
damit Schwierigkeiten hatte bzw. aufgehalten wurde.

Jetzt wissen Sie schon einiges über Redaktionssysteme und
werden sich sicherlich einmal auf der zentralen Webseite
www.contentmanager.de daraufhin umschauen wollen. Wer
kann Ihnen bei der Auswahl Ihres Redaktionssystems oder
beim Umarbeiten Ihrer Internetpräsenz helfen? Hier können Sie
sich an Ihren Internet-Provider wenden, der Ihre Webseite ja
bereits hostet, oder an Ihre Werbe- oder Multimedia-Agentur.
Oder Sie fragen ein unabhängiges Beratungs- oder Consulting-
Unternehmen der EDV-Branche. Oder Sie werden selbst im
Contentmanager fündig und können sich an das jeweilige
Software-Unternehmen wenden, das Ihr Redaktionssystem
anbietet. Der einmalige Aufwand des Umbaus zu einer
dynamischen Web-Präsenz mit Redaktionssystem lohnt sich
fast immer, sowohl aus zeitlicher als auch aus finanzieller
Hinsicht. Sie können Ihre Webseite dann problemlos selbst und
tagesaktuell pflegen. Immer wieder neu für Ihre Kunden.

Ein Content Management für meine Website

Abb. 4 http://www.spiegel.de

Schon mit einem Redaktionssystem sind Sie gut bedient und haben Ihre Homepage fest im Griff. Was aber, wenn Sie die Verantwortung für ein größeres oder für etliche kleinere Unternehmen haben? Hier sind noch mehr Funktionen gefragt, und die dann anfallenden Datenmengen sind oft groß und manchmal unüberschaubar. Hinzu kommt, dass gerade Sie als Sortimentsbuchhändler oder Verleger prädestiniert sind, über eine große Menge Wissen in einem bestimmten Fachgebiet zu verfügen. Machen Sie dieses Wissen auch für andere zugänglich und profitieren Sie von Ihrem bibliografischen Können! Kaum ein anderer Ausbildungsweg ist so gut dafür geeignet, Informationen zu kategorisieren und zu systematisieren – eine kostbare Eigenschaft in unserer heutigen Informationsgesellschaft.

Bücher gehören neben Musik, Software, Reisen und Computerzubehör zu den Warengruppen, mit denen die meisten Umsätze im B2C (Business to Consumer) beim E-Commerce erzielt werden. Ausgezeichnete Buch-Kataloge mit

Kurzbeschreibungen und Coverabbildungen gehören dabei zur Grundausstattung.

Content Management: Organisation der internen und externen Kommunikation einer Organisation, bessere Beziehungen zum Kunden und zum Markt, schnellere und effizientere Kommunikations- und Entscheidungswege, Workflow-Management. (zitiert nach Cognos BI Guide)

Knowledge Management: „Wenn wir wüssten, was wir alles wissen!" – dieser Ausspruch gilt heute wohl für viele Unternehmen. Aufgrund der Informationsflut kommt es heute darauf an, die Informationen in einem Unternehmen zu lokalisieren, zu bewerten, an den richtigen Stellen abzuspeichern und den entsprechenden Mitarbeitern zur Verfügung zu stellen. (zitiert nach Cognos BI Guide)

Wer nicht weiß, was er will, bekommt, was er nicht braucht!

Sobald es um fremden Content oder um CrossMedia-Publishing im großen Stil geht, ist das einfache Web Content Management System überfordert. Publisher, und alle anderen, die mit eigenem und fremdem Content Geld verdienen, müssen sich fragen, ob sie mit ihrem Bedarf nach einem Content Management System (CMS) nicht auf der falschen Baustelle vorsprechen. Wenn es um das crossmediale Herstellen, Verteilen und Verwerten von Content geht, sollte man besser gar nicht erst unter dem Stichwort CMS suchen. Hierzu braucht es in der Regel entweder ein Media Asset Management oder ein XML-basiertes Redaktionssystem, das die Content Management-Funktionen mit abdeckt.

Der Auswahlprozess nach einem geeigneten CMS lässt sich mit den folgenden Schritten beschreiben:

- Marktscreening: Auflistung der Produkte
- Sammeln der fachlichen und technischen Anforderungen
- Erstellen einer Kriterienliste
- Herstellerbefragung und Auswertung
- Produktpräsentationen und Referenzkundenbesuche
- Funktions- und Performancetests, engere Auswahl der CMS-Produkte

- Erstellung eines Pflichtenheftes
- Einkaufsverhandlungen und Entscheidung.

Was will ich? Was brauche ich?

Auf dem CMS-Markt gibt es zahlreiche Produkte für unterschiedliche Zielgruppen im Intra- und Internet-Bereich. Die Auswahl einer geeigneten Lösung ist deshalb eine schwierige Angelegenheit.

Bevor Sie sich auf die Suche nach geeigneten Lösungen machen, analysieren Sie zuerst Ihre spezifischen Anforderungen. Das heißt, die eigenen Geschäftsprozesse genau unter die Lupe zu nehmen. Ein hilfreiches theoretisches Modell dafür ist der sogenannte Lifecycle. Dieser teilt den Produktionsprozess in sechs Abschnitte ein: Recherchieren der Informationen, die einzelnen Inhalte erstellen, kontrollieren, freigeben, publizieren und archivieren. Analysieren Sie anhand dieser sechs Abschnitte Ihren Ist-Zustand. Dann entwerfen Sie völlig unabhängig von irgendwelchen Lösungen einen Soll-Lifecycle.

Content Management Systeme können aber auch für den gesamten Informationsfluss im Unternehmen interessant sein. Weitere Anwendungsbereiche sind u. a. ein gutes Archiv, die Anwendung effektiver Suchmechanismen, das Nutzen von Content anderer Publikationen im Web, Online-Shops oder die Branchen-News eines Content-Providers.

Welche Inhalte erstelle ich wie?

Schaffen Sie sich darüber Klarheit, wer die einzelnen Medienelemente mit welchem Aufwand erstellen soll und welche Kenntnisse dafür nötig sind. Welche Medien-Typen, wie zum Beispiel Audio, Video, Animationen oder PDF, wollen Sie überhaupt einsetzen? In welchen Zyklen sollen sie erstellt, wo und mit welchen Werkzeugen produziert werden? Verdeutlichen Sie sich den Workflow für diesen Bereich. Darüber können Sie Rollenkonzepte und Benutzerrechte entwickeln.

Größere Websites lassen sich nur mit genau definierten Aufgaben für jeden Beteiligten effektiv verwalten. Viele CMS bieten deshalb bereits vorgefertigte Benutzerrollen mit entsprechenden Rechten. Eventuell kann man eigene Rollen definieren oder die bereits im Unternehmen vorhandene Benutzerverwaltung integrieren.

Wenn Sie verteilt, also von mehreren Standorten aus, arbeiten wollen, ist das ein Aspekt, der für ein Content-Management spricht. Ein weiterer Punkt: Wollen Sie Mitarbeiter ohne technische Kompetenzen in die Pflege der Website einbeziehen, nützt ein CMS wenig, in das noch HTML eingegeben werden muss.

Wie sichere ich die Kontrolle der Inhalte?

Wenn Sie Mitarbeiter mit geringen inhaltlichen Kompetenzen in die Pflege Ihrer Site integrieren wollen, ist es notwendig, die erstellten Inhalte vor der Veröffentlichung durch eine übergeordnete Instanz zu kontrollieren und freizugeben. Auch geht es hier um die Frage, wie zeitkritisch die Inhalte sind. Wer just-in-time arbeitet, zum Beispiel im News-Bereich, muss sich genau überlegen, ob eine Kontrolle aller Inhalte sinnvoll ist. Nach der Kontrolle werden die Inhalte entweder zum Publizieren freigegeben oder an die „Produzenten" zurückgegeben. Dieser Prozess sollte so transparent wie möglich sein.

Kann ich fremden Content in meine Webseite einbauen?

Content-Syndication: Verbindung zwischen Inhalten von verschiedenen Websites.

Besonders interessant ist Content-Syndication für Sie, wenn Sie Ihr Angebot mit business-relevanten Informationen aufwerten wollen, beispielsweise mit Branchen-News, Börsenkursen oder aktuellen Nachrichten, oder wenn Sie bestimmten Content von anderen Seiten automatisch beziehen. Auch hier stellen viele CMS bereits integrierte Funktionen zur Verfügung, die das Einbinden von fremdem Content erleichtern.

Wie publiziere ich meine Inhalte?

Wollen Sie Ihre Inhalte über einen Web-Browser, WAP-Browser, Media-Player, als PDF-Datei, in einem Shop-System, im Teletext eines Fernsehsenders und als Broschüre im Digitaldruck publizieren? Wird Ihr Content über mehrere Medien veröffentlicht, ist auch das ein Aspekt, der für ein CMS spricht. Wenn Sie Inhalte in komplexen Web-Applikationen bereitstellen wollen, beispielsweise auf einer Auktionssite, oder in einem Online-Shop, stellen Sie sicher, dass eine konsequente Vernetzung möglich ist und keine doppelte Datenhaltung notwendig wird.

Eines der ältesten Features von CMS ist die zeitgesteuerte Veröffentlichung: Man kann also Daten angeben, an denen die Site veröffentlicht beziehungsweise gesperrt oder in einem Archiv abgelegt werden soll. Dabei werden automatisch alle Links angepasst.

Wollen Sie Ihre Inhalte auch anderen Publikationen zur Verfügung stellen, denken Sie an Content-Syndication. Wer Gebühren für seine Inhalte verlangen möchte, sollte bei der Auswahl auf geeignete Content-Payment-Lösungen achten. Auch dafür gibt es bereits viele Anbieter im Internet.

Was muss ich noch beachten?

Je genauer Sie wissen, was Sie mit Ihrer Website erreichen und wo Sie in Zukunft stehen wollen, desto leichter wird Ihnen auch die Auswahl aus dem unübersichtlichen Angebot an Content-Management-Lösungen fallen. Wichtig für die Realisierung Ihres Systems sind dabei auch folgende Aspekte:

- Erweiterbarkeit
- Skalierbarkeit
- Unterstützung der gängigen Standards
- Know-How: Im heutigen Internet-Business kommt es darauf an, Web-Anwendungen schnell zu realisieren. Das Know-How aller Beteiligten ist ein wesentlicher Bestandteil Ihres Erfolges.
- Plattform: Die Entscheidung für eine bestimmte Lösung bedeutet auch immer die Entscheidung für bestimmte Plattformen. CMS unterstützen mehr oder weniger die verschiedensten Webserver, Betriebssysteme und Datenbanken. Wichtig ist, dass sich die angestrebte Lösung in Ihre vorhandene IT-Struktur integrieren lässt.

- Support und Upgrades: Wichtig für die Zukunftssicherheit der Lösung ist auch das Alter der aktuellen Version, die Häufigkeit der Upgrades, deren Kosten, Verfügbarkeit und Installationsaufwand.
- Budget: Die verfügbaren finanziellen Mittel sind natürlich letztendlich der den Ausschlag gebende Punkt. Viele CMS-Hersteller bieten unterschiedliche Versionen ihrer Produkte an. Diese unterscheiden sich meist im Funktionsumfang, in der Anzahl der User oder in der Skalierbarkeit des Systems.

Wann setze ich ein CMS ein?

Content Management Systeme sind vor allem dann interessant, wenn man eine Vielzahl von Webseiten verarbeiten muss, die häufig aktualisiert werden und wenn viele Personen von verschiedenen Orten aus an der Pflege Ihrer Website beteiligt sind. Als Richtwert gilt: Ab 200 Webseiten lohnt sich die Anschaffung eines CMS.

Wer sich für die herkömmliche Variante via Web-Editor entscheidet, kann mit den Site-Management-Funktionen und der richtigen Ordnerstruktur auf dem Server seine Website in den Griff bekommen. Der Nachteil dabei: Alle Informationen sind immer fest mit dem HTML-Code einer Webseite verknüpft.

Die Content-Management-Lösung ist neben den E-Commerce- und anderen business-relevanten Web-Applikationen das wesentliche Standbein jeder Website.

Crossmedia Publishing

Abb. 5 http://www.realcontent.de

Publishing heißt Publizieren, Veröffentlichen. An dieser Stelle muss ich wohl beides betrachten – Sie verkaufen bereits publizierte Werke, und Sie publizieren auch selbst, mit eigenen Veröffentlichungen, zum Beispiel Ihrer Website, einem Rundschreiben, einer Kundenzeitung. Oder Sie arbeiten zum Teil auch als Verleger und publizieren sowieso.

Was ist Crossmedia?

Crossmedia bedeutet die Informationsdarstellung über unterschiedlichste Medien – die bekannte Druckversion, die manchmal beiliegende CD-ROM, die Website, das PDF-Dokument, die WAP-Darstellung vielleicht, für's Handy, oder die Produktion als eBook (elektronisches Buch). Nicht immer ist überall das gleiche drauf oder drin. Aber das wissen Sie selbst am besten. Was für eine Arbeit, wenn man die Daten, beispielsweise für den Druck, die CD-ROM und die Website, dreimal eingeben müsste. Und was, wenn etwas geändert werden soll? Alles dreimal?

Noch heute ist es im Verlagsgeschäft oftmals so, dass die Daten in fixen Dokumenten verankert sind, idealerweise noch in einer XML-Datei, um die Dokumentstruktur via Browser betrachten zu können. Und die Druckfahnen wandern per Kurier zwischen Verlag und Medienhaus hin und her. Nein, danke – das kann nicht die Zukunft sein.

Hier könnte einem aber auch der Kopf schwirren. Da gibt es digitale und analoge Daten, multimediale Daten, Assets sogar (was ist das?), und irgendwo steht immer XML dabei. Bringen wir erst einmal Ordnung in die Daten:

Cross-Media-Publishing versucht, aus einem Informationsbestand Inhalte für die verschiedensten Ausgabeformate von CD-ROM über Print bis zum Handy anbieten zu können.

Assets sind die einzelnen Bestandteile des Inhalts einer Publikation, also der Text, Bilder, Audio, Video, Animationen usw.

Was ist XML?

E-Business in der Praxis schreibt dazu: „In den 90er Jahren haben wir mit unternehmensweiten Datenmodellen die geschäftskritischen Daten einheitlich modelliert – dies war aufwändig genug. Nun müssen wir gleiches für Content leisten. Wir müssen Content modellieren, repräsentieren, editieren, darstellen und vor allen Dingen immer wieder von einem System zum nächsten transferieren."

Weiterhin muss Content gefiltert und unterschiedlich zusammengestellt werden. Denken Sie beispielsweise an eine Community oder an Ihr persönliches Portal innerhalb einer großen Website. Werden die Inhalte von einem Programm in ein anderes kopiert, gehen die Informationen über die Bedeutung der Daten verloren.

In den frühen 80er Jahren wurde aber schon der Grundstein zur Lösung dieses Problems gelegt. Mit SGML (Standardisied General Mark-Up Language) wurde eine Sprache geschaffen, die die Struktur von Dokumenten unabhängig von späteren

Publikationsmechanismen beschreiben kann. Langfristig legte sie aber die Basis für XML (eXtensible Mark-Up Language).

HTML beispielsweise formatiert die Inhalte, während XML die Bedeutung des jeweiligen Informationsbausteins im Rahmen des jeweiligen Dokumentes festlegt. Das Geheimnis von XML ist, dass es mittlerweile bereits von fast allen Anwendungen verstanden wird und die Bedeutung Ihrer Informationen nun – beim Verwenden Ihres Contents in mehreren Anwendungen – nicht mehr verloren geht. Jede Anwendung stellt das jeweilige Template für die Formatierung der Informationen, und XML sorgt für die Übertragung der Struktur.

Sie verkaufen Videos und manchmal auch das entsprechende Buch dazu? In Ihren Regalen stehen Lexika, und Sie haben die gleichen Lexika auch auf CD-ROM? Für manche Bücher veröffentlichen die Verlage die Inhalte auch im Internet. Sie wissen, was Crossmedia-Publishing ist!

Ein Beispiel

Ein engagierter Autor verkaufte im Internet sein neuestes Werk – eine Marktübersicht zu Portalsoftware. Davon hörte ein Verlag und machte dem Autor ein Angebot, das zusammengefasst ungefähr so lautete:

„Wir publizieren die Marktübersicht als PDF-File, ab 50 Exemplare auch in der gedruckten Version. Und zusätzlich erstellen wir eine Website mit ausgewählten Inhalten und allen Informationen zu diesem Buch und zu seinem Autor."

Das sind schon einmal drei Medien, und ein Portalhersteller setzte sogar noch eins drauf und wollte, dass sich die Käufer des Buches die Inhalte im Internet selbst zusammenklicken sollten („book on demand"). Verständlich bei irgendwann 1.000 Systemen.

Das ganze funktioniert nur dann effektiv und schnell, wenn die Daten, getrennt vom jeweiligen Layout, in einer Datenbank vorgehalten oder zumindest verwaltet werden. So können die entsprechenden Inhalte rasch in das gewünschte Layout gebracht werden und Änderungen sind nur einmal nötig.

Was bedeutet das für mich als Verlag?

Verlage sollten ihren gesamten Workflow Schritt für Schritt digitalisieren und mit leistungsfähigen Systemen, die gar nicht teuer sein müssen, verwalten und ihre Daten bearbeiten. Daran anzuschließen sind dann auch alle Dienstleister und vielleicht sogar die Zulieferer. Damit könnten im schwierigen Verlagsgeschäft schnell einiges an Kosten eingespart und die gesamte Wertschöpfungskette beschleunigt werden. Gar nicht davon zu reden, dass Sie sowohl für Ihre Produktion als auch Ihr Marketing entscheidenden Mehrwert erzielen und spezielle Kundenwünsche problemlos befriedigen können.

Wie kann ich als Buchhändler davon profitieren?

Fordern Sie auch digitale Informationen von Ihren Verlagen an. Notfalls erstellen Sie sich diese aus den Lieferprogrammen oder den Internetauftritten Ihrer Zulieferer selbst. Damit statten Sie Ihren Webauftritt aus, drucken Ihr eigenes Angebot oder generieren im Internet entsprechende Produktverzeichnisse oder Titellisten zum Download oder zum Ausdrucken. Oder warum nicht einmal Postkarten mit einem Patchwork verschiedener Titel Ihres Angebots bedrucken? Oder Sie veröffentlichen Teile aus Ihrem Angebot im Internet – Geschichten, Sprüche, Gedichte ... also etwas, das Lust auf mehr macht! Ihnen fällt schon etwas ein. Und falls Sie Rezensionsexemplare verschicken möchten – digital ist mal etwas anderes!

Jedenfalls haben Sie so viel Informations- und Präsentationsmaterial zur Verfügung wie kaum ein Manager eines Unternehmens. Das ist Ihr Vorteil! Nutzen Sie ihn. Sie brauchen nur die Kluft zwischen analog (in Papierform) und digital (als Dokument im Computer) zu überwinden. Sie haben die Daten, das Wissen, die Kompetenz!

Kiosk-Systeme

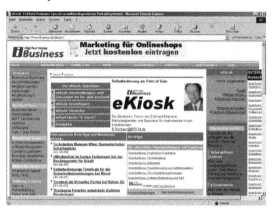

Abb. 6 http://www.iBusiness.de/ekiosk/

Ein Kiosk ist doch eigentlich etwas, wo ich mir eine Bockwurst kaufen kann, oder eine Zeitung. Aber halt, das mit der Zeitung ist gar nicht so weit weg! Informationen sind das größte Problem unserer Zeit. Möglichst immer und an jedem Ort gut informiert sein, ist seit fast zwanzig Jahren immer wichtiger geworden, denn meist stürzen immer mehr Informationen auf einen ein, als man in der richtigen Priorisierung aufnehmen kann. Und hier greifen uns Kiosk-Systeme (unter anderem!) unter die Arme. Sie informieren, sie arbeiten, sie unterhalten, oder sie spielen mit uns.

Was sind Kiosk-Systeme?

Kommunikation und Kooperation sind die Zauberworte für das Büro der Zukunft. Beispielsweise untersucht das Forschungs- und Entwicklungskonsortium Future Office Dynamics (FOD), wie die Mitarbeiter eines Unternehmens bei Innovations- und Veränderungsprozessen idealerweise zusammenarbeiten sollen und welche Auswirkungen dies auf die Architektur- und Raumkonzepte, auf Organisationsstrukturen sowie auf die

Gestaltung der Informations- und Kommunikations-
Technologien hat.

Ständig verändert sich etwas, und die Technologien entwickeln
sich weiter. Dabei helfen uns Kiosk-Systeme. Sicher kennen
Sie einen Geldautomaten? Er ist ein spezielles Kiosk-System.
So und ähnlich also sehen Kiosk-Systeme aus. Ein Bildschirm
ist fast immer dabei, dazu oft weitere Lese-, Steuerungs- oder
Ausgabe-Geräte. Verwendet werden Kiosk-Systeme als
Marketing-Instrument (zur Firmen- oder Produktinformation), als
Teil der allgemeinen Unternehmenskommunikation (Multi-
Channel-Management), zur Selbstbedienung für Kunden oder
Mitarbeiter (z. B. Bankterminal) und für die direkte
Produktsuche (Handelseinrichtungen, Direktmarketing).

Manchmal auch als Checkpoint bezeichnet, arbeitet ein Kiosk-
System gleichfalls als Internet-Surfstation, Messe-Infosystem,
Bürgerterminal, öffentliche CD-Brennstation, Kfz-Mietstation
oder Photo-Druck-Automat. Möglicherweise kennen Sie auch
Automaten für die Pre-Paid-Karten von Mobiltelefonen? Das
Kiosk-Terminal als Medien-Abspielstation,
Veranstaltungskalender, für den Essensplan in einem Kurheim
oder für Raumbelegungshinweise in einem Tagungshotel – das
sind nur weitere Beispiele. Sogar als interaktives Werbedisplay
leisten Kiosk-Systeme gute Arbeit.

Ja, und es gibt nicht nur das Kiosk-System als Schaufenster-
Präsentation, oder das Kiosk-Verkaufsterminal für Filme und
andere Content-Angebote, sondern auch ... die Zeitung aus
dem Kiosk-System! Print-on-Demand, vielleicht sogar noch
selbst zusammengestellt vom Kunden, ist auch ein Zeichen
unserer Zeit.

Wie werden Kiosk-Systeme im Buchhandel verwendet?

Weg von den allgemeinen Beispielen und hin zu Ihnen.
Einkaufen können die Kunden von Chapters Inc. schon seit
2000 an den eCommerce-Kiosk-Systemen in Kanadas größter
Buchhandelskette. Seit Mai 2002 können sich beispielsweise
Fans von Stephen King in New York seine neuesten
Kurzgeschichten „Everything's Eventual" nun auch von 100
öffentlichen Kioskterminals auf ihr PDA herunterladen. Und die

Galeria Kaufhof betreibt oder betrieb Selbstbedienungssysteme in ihren Abteilungen – auch in der Buchabteilung.

Was sind Selbstbedienungssysteme?

Selbstbedienungssysteme sollen den Einkauf erlebnisreicher und bequemer gestalten. Sie verstärken die Sortiments-, Beratungs- und Servicekompetenz einer Handelseinrichtung und verbessern die Kundeninformation durch Orientierungshilfen. Sie geben einen Überblick über die unterschiedlichen Produkt- und Serviceangebote, ergänzen die Kundenberatung insbesondere bei erklärungsbedürftigen Waren und ermöglichen den Kunden den Abruf sämtlicher relevanter Daten. Sie verstärken die Kundenbindung und stellen in Verbindung mit Direktmarketingmaßnahmen ein wichtiges Marketinginstrument dar. Sie bieten Unterhaltung und Animation – der Verkauf wird zum Erlebnis!

Ein Beispiel

Das Beispiel des SB-Terminals „Bücher Welt" mit seinen 300.000 lieferbaren Büchern dokumentiert das riesige, stetig wachsende Volumen des Buchmarktes in Deutschland. Neue Herausforderungen wie der rasant zunehmende Internet-Buchhandel verstärken den Wettbewerbsdruck. Um hier nicht ins Hintertreffen zu geraten und das Fachhandelskonzept der Kaufhof-Buchabteilungen zu unterstützen, wurde das Bücher Welt-Terminal entwickelt. Das System, das auch im Internet für den Online-Buchhandel zur Verfügung steht, berücksichtigt alle Anforderungen, die beim Bücherkauf an einen kompetenten Fachhändler gestellt werden.

Als Informationspool stellt die „Bücher Welt" Buchneuheiten mit kurzen Inhaltsangaben vor. Aktuelle Bestsellerlisten, Buchbesprechungen des literarischen Quartetts oder die kaufhofinterne Taschenbuch-Top-Ten können direkt abgerufen werden.

Hintergrundinformationen zu populären Büchern oder mehrfach am Tag wechselnde Buchempfehlungen garantieren brandaktuelle News über den Büchermarkt. Die Anbindung an das Warenwirtschaftssystem ermöglicht die bestandsorientierte Anzeige in der jeweiligen Filiale. Dadurch erfahren Kunden und

Mitarbeiter bei jedem Titel, ob sich das gewünschte Buch im Regal befindet oder erst über die Online-Bestellfunktion geordert werden muss.

Wie kann ein Kiosk-Terminal helfen, meinen Umsatz zu steigern?

Umsatzzahlen sind zunächst einmal ein Maß der Quantität. Dass aber die Leute bei Ihnen kaufen, überhaupt kaufen, ist vor allem eine Frage Ihrer Qualität und Kompetenz als Buchhändler. Heute kennt man dafür Worte wie „Marketing" oder „Werbung", also, wie präsentiere ich meine Waren und Dienstleistungen am besten? Es ist wie mit einem gut drapierten Essensgericht. Es soll Appetit machen und zum Essen (eigentlichen Kaufen!) anregen. Dieser Bereich ist aber nicht unbedingt der Hauptverwendungszweck von Kiosk-Systemen. Nehmen wir einmal an, ziemlich viele Menschen betreten Ihr Geschäft, wollen also mit hoher Wahrscheinlichkeit ein Buch kaufen. Wie kann nun (auch) ein Kiosk-Terminal dazu beitragen?

Vorgemacht haben das schon uralte Bibliothekssysteme – der Leser kam und suchte in den Registerkarten nach einem Autor, einem Titel oder einem bestimmten Thema. Machen Sie's doch im einfachsten Fall genauso! Bevor ein Kunde alle Bücher in den Regalen in Augenschein genommen hat – und Sie haben diese schon systematisch geordnet -, kommt er schneller und besser mit einem Kiosk-Terminal ans Ziel. Hier können Sie auch die Bücher alle anbieten, die Sie nicht in den Regalen vorrätig haben, sondern erst bestellen müssen. Organisieren Sie die Bestellung einfach, vielleicht sogar elektronisch, dann kommt der Kunde gern wieder zu Ihnen. Und ein zweiter, weitaus größerer Bereich, ist der Content-Sektor. Sie verkaufen mehrere Medien? Prima! Warum nicht auch auf elektronischem Wege, zum Download, Ausdrucken, Versenden, Brennen, Personalisieren etc.? Da gibt es so viele Möglichkeiten! Und wenn sich herumspricht, dass Sie flexiblen Content im Angebot haben, werden Ihre Kundenzahlen rasch in die Höhe klettern.

Ab 1.000,- EUR können Sie die Hardware erwerben. Das entsprechende Programm dafür bietet Ihnen Ihr IT-Berater, Ihre Software-Firma oder Ihr Zulieferer. Oder Sie beauftragen Ihren Berater oder Ihren Web-Designer mit der Aufgabe, ein entsprechendes Programm zu erstellen. Vermutlich wird in der Regel die letztere Variante zutreffen, denn schon fix und fertige Programme für Kiosk-Systeme gibt es wenige (s. Beispiel). Seien Sie kreativ!

Online-Handel

Abb. 7 http://www.buchmarkt.de

Die Zukunft ist digital, auch in den Verlagen. Internet und XML
bilden die Grundlage für verkürzte Transportwege und
optimierte Arbeitsabläufe. Hinzu kommt, dass Bücher, Software
und CD's heute am häufigsten über die virtuelle Ladentheke
gehen – beste Aussichten für den Online-Vertrieb in der
Verlagsbranche.

Was ist E-Commerce?

Das Internet hat durch E-Commerce die Geschäftsbedingungen
zwischen Hersteller und Händler, aber auch zwischen Händler
und Kunde, entscheidend verändert. Bisher konnte der Anbieter
viele Informationen recherchieren, vorab, und sich mit seinen
Angeboten und Preisen auf den regionalen Markt einstellen.
Das Internet gleicht hier nun etwaige „Informations-
Asymmetrien" aus und sorgt für eine größere Markttransparenz.

Vertriebsseitig erleichtert dies die Marktzugänge vor allem für
neue Wettbewerber. Oft lassen sich damit auch kurze
Absatzketten in Form von Direktvertrieben etablieren. Und

genauso profitieren besonders Paket- und Expressdienste von dieser Entwicklung – die Produkte müssen schließlich auch zum Kunden nach Hause, und das möglichst schnell.

Jedoch sehen mehrstufige Handelsketten (Groß- und Einzelhandel), wie im Buchhandel, oftmals ihre gewachsenen Strukturen bedroht. Aber auch hier lässt sich über neue, höherwertige Dienstleistungen ein Mehrwert realisieren.

Anwendungsbeispiele:

- elektronische Shops, um die eigenen Produkte einer Vielzahl von Kunden via Web zum Kauf anzubieten,
- ganze elektronische Shopping-Malls (englisch für „Einkaufszentrum"),
- horizontale und vertikale Marktplätze,
- einkaufsorientierte Systeme, so genanntes „E-Procurement",
- Systeme zum gemeinschaftlichen Einkauf (Co-Shopping),
- zentralisierter Einkauf in größeren Unternehmen,
- Auktionen,
- Integration von EDV-Systemen zwischen Handelspartnern,
- Reduktion von manuellen Tätigkeiten,
- Reduktion der Kosten, Erhöhung der Qualität.

Was ist E-Business?

E-Business (Electronic Business) als allgemeiner Begriff ist der Einsatz von Informations- und Kommunikationstechnologien zur Unterstützung der Abwicklung geschäftlicher Transaktionen. E-Business wird getragen von drei starken Trends:

- *herstellerseitig* die weltweite Vernetzung und Unterstützung der Kommunikation durch das Internet und die darauf aufsetzenden standardisierten Technologien;
- *unternehmensseitig* der Wunsch nach weltweiter Informations- und Ressourcenbeschaffung (Global Sourcing) sowie
- das Agieren auf weltweiten oder zumindest regionalen Absatzmärkten.

Mittelfristig werden sämtliche Teile eines Unternehmens von dieser Entwicklung erfasst: vom Beschaffen (E-Procurement) über das Planen und Steuern der Logistik (Supply Chain Management), das Abwickeln der Leistungsprozesse

(Gruppenunterstützung, Workflow und verteiltes Datenmanagement), bis hin zur Pflege der Kundenbeziehungen (Customer Relationship Management) und dem Vertrieb (E-Commerce).

Anwendungsbeispiele:

- umfassende Produkt- und Dienstleistungsinformationen,
- aktuelle, kundenspezifische Preisinformation,
- direkte Auftragsverfolgung,
- kostengünstige Produktberatung,
- einfache und kostengünstige elektronische Bestellungen,
- schnelle Unternehmensinformationen,
- After Sales Product Support,
- Bestellanalysen,
- aktuelle Verfügbarkeit,
- einfache Online-Schulungen.

E-Service

Eine andere Art, sich von Konkurrenten abzuheben und eigene Kunden zu gewinnen, ist ein guter Service. Beim Internet-Versandhandel bedeutet dies vor allem eine prompte Lieferung der bestellten Waren. In Deutschland ist dabei „prompt" mit „innerhalb 48 Stunden" gleichzusetzen.

Meist brechen die Nutzer einen Online-Einkauf ab, weil sie mit den Liefer- und Versandkosten, oder der Dauer der Auslieferung, nicht zufrieden sind.

E-Logistik

Bei den Direktlieferern handelt es sich um ausgewachsene Unternehmen, die ihre Website als das entscheidende Front-End betreiben. Dahinter steckt eine komplexe Logistik mit Zulieferfirmen, Warenbeständen und Auslieferungsorganisation, die den eigentlichen Aufwand ausmacht. Der größte Umsatz wird über das Internet getätigt, schließlich kann man hier in Ruhe die Produkte auswählen und vergleichen. Wer möchte, kann aber auch einfach zum guten alten Telefon greifen und seine Bestellung analog aufgeben. Aus diesem Grund haben bereits operierende Direktlieferer die besten Chancen auf einen Erfolg im Internet.

Dringend notwendig für den Erfolg ist neben einem eigenen Warenhaus mit selbst organisierter Warenhaltung damit auch der eigene Aufbau der Auslieferungslogistik bis zum Kunden.

Was sind Marktplätze?

In Zeiten globalisierender Märkte und der weltweiten Vernetzung erfahren Marktplätze eine zunehmende Dynamik. Der ursprüngliche Begriff „Markt" hat sich daraus gebildet, dass sich Anbieter und Kaufwillige an einem definierten Platz, eben dem Marktplatz, zu entsprechenden Verhandlungen treffen.

Beispiele für Marktplätze sind Branchen-Portale oder Shopping-Malls:

http://www.buchmarkt.de
http://www.buch-handel.de

Was sind Auktionen?

Auktionen sind beliebte Tummelwiesen für Schnäppchen-Jäger. Der grosse Vorteil von Online-Auktionen ist, dass die kaufwilligen Personen sich nicht an einem bestimmten Ort für die Versteigerung einfinden müssen. Die meisten Auktionen sind dabei nicht allzu zeitkritisch.

Das wohl bekannteste Beispiel dafür ist ebay.de.

Eine ganz spannende Sache sind rückwärtsgerichtete Auktionen – diese funktionieren nach dem Prinzip, dass der Käufer sagt, was er zu zahlen bereit wäre. Entscheidend bei dieser Art von Auktionen ist die Tatsache, dass diese nur funktionieren, wenn das Kaufangebot in einem realistischen Rahmen liegt.

Vor allem im B2B (Business to Business)-Segment haben solche Auktionen eine große Zukunft; ergeben sich doch hier gute Möglichkeiten, Überkapazitäten erfolgreich anzubieten. Der erste Schritt in diesem Prozess geht jedoch in der Regel vom Käufer aus.

Priceline.com und Econia.com sind aktive Auktionen nach
dieser Methode

Welche Rolle spielt der Online-Handel im Buchhandel?

Der Online-Umsatz der Sortimente wächst deutlich. Am besten
verkaufen sich nach wie vor Sachbücher. Zwar haben die
stationären Buchhandlungen mit Online-Auftritt auch im
vergangenen Jahr nur einen geringen Teil ihres Umsatzes im
Internet erwirtschaftet. Dennoch sind die Erwartungen an das
Online-Geschäft nach wie vor hoch. Das zeigte eine Internet-
Umfrage des Börsenvereins, die das Referat Marketing und
Marktforschung im Frühjahr 2004 durchgeführt hat.

Der Umfrage zufolge haben 69,8 Prozent der Sortimente 2003
im Vergleich zum Vorjahr mehr Geld über das Internet
eingenommen. Die Mehrheit geht davon aus, dass das auch so
bleiben wird. Knapp 45 Prozent der Buchhändler erwarten,
dass ihre Online-Umsätze weiter steigen; rund sechs Prozent
rechnen sogar mit stark steigenden Umsätzen.

Zwar verzeichnete 2003 fast die Hälfte der Sortimenter, die im
Netz aktiv sind, einen Umsatz von weniger als 2500 Euro. Doch
16,7 Prozent brachten es immerhin auf einen Wert zwischen
2500 und 5000 Euro. Und bei gut 20 Prozent waren es sogar
zwischen 5000 und 25000 Euro.

Befragt nach dem Anteil des Internet-Umsatzes am
Gesamtumsatz gaben allerdings 70 Prozent der Buchhändler
an, dass er bei ihnen weniger als ein Prozent ausmacht. Mehr
als die Hälfte dieser 70 Prozent wiederum weist sogar einen
Anteil von unter 0,5 Prozent aus. Hinzu kommt, dass die
Umsätze in der Klasse „1 bis unter fünf Prozent" (20,5 Prozent)
größtenteils im Bereich von einem Prozent liegen.

Dem geringen Umsatz zum Trotz: Ein Blick auf das Verhältnis
zwischen Kosten und Ertrag zeigt, dass die Präsenz im Internet
für die Buchhändler durchaus rentabel sein kann. Bei 25
Prozent von ihnen ist der Ertrag höher als die Kosten. Ein
Viertel spricht von einem ausgewogenen Verhältnis; bei etwa
der Hälfte allerdings übersteigen die Kosten den Ertrag.
Welches sind nun die Umsatzbringer? Welche Bücher werden
am häufigsten über das Internet gekauft? Wie die Studie zeigt,

sind es vor allem Sachbücher bzw. Ratgeber. Bei knapp 43 Prozent gehören die meistbestellten Bücher diesen Genres an. Mit deutlichem Abstand folgen die Belletristik (ca. 21 Prozent) und Literatur zu Sozialwissenschaften und Wirtschaft (gut zehn Prozent).

Die Umfrage zeigt: Das Internet ist und bleibt für die Buchhändler ein wichtiges Marketing-Instrument. Und angesichts der wachsenden Zahl von Online-Nutzern wird seine Bedeutung weiter zunehmen.

Beispiele Online-Handel:

www.rowohlt-theater.de
Rowohlt Theaterverlag

www.weka-intranet.de
WEKA MEDIA

www.fischerverlage.de
S. Fischer Verlage

www.ONIX-Meldung.de
Online-Datenbank zur Erfassung von Titeldaten im ONIX-Format

Wie kann ich meinen Einkauf optimieren?

Coshopping-Prinzip: Der Preis machts. Im Internet ist jeder Laden nur einen Mausklick entfernt. Der Preisgestaltung kommt daher eine entscheidende Rolle zu. Schließlich kann sich jeder Benutzer kostenlos und unerkannt in aufwendigen Online-Shops über alle Produkte informieren – und dann doch beim preiswerteren Konkurrenten mit den nackten Preislisten kaufen.

Die sogenannten Power- oder Coshopping-Sites haben die Jagd nach dem besten Preis zum Prinzip erhoben. Durch Zusammenschluss mehrerer Kaufinteressenten auf der Website kann der Website-Betreiber größere Produkt-Stückzahlen ordern und dadurch einen niedrigeren Preis anbieten. Was bisher nur den Großhändlern vorbehalten war – Mengenrabatt bei großen Stückzahlen teurer Einzelprodukte – wird so direkt an die Käufer weitergereicht. Voraussetzung ist allerdings, dass die Hersteller und Händler das Spiel mitspielen. Websites wie Letsbuyit.com oder Powershopping.de leben daher von den Kooperationen mit attraktiven und vor allem auch bekannten Produktherstellern.

Prinzip des Gemeinschaftseinkaufs: Einen festgesetzten Zeitraum lang wird ein Produkt auf der Website angeboten. Je mehr Käufer sich melden, desto billiger wird der Preis. Nach Ablauf der Frist ordert der Website-Betreiber dann die entsprechende Stückzahl und übernimmt nach dem Eintreffen der Ware den Versand an die einzelnen Käufer. Die beiden deutschen Gemeinschaftskauf-Sites Letsbuyit.com und Powershopping.de liefern so gut wie alle Produkte versandkostenfrei, die Benutzer bezahlen somit nur den gemeinschaftlich erreichten Preis. Dadurch bleibt der Schnäppchencharakter ohne Zusatzkosten erhalten.

Wie kann ich meinen Verkauf optimieren?

Das Internet öffnet ganz neue Wege, um Produkte und Dienstleistungen „an den Mann oder an die Frau" zu bringen. Grundsätzlich gliedert sich hier die Wertschöpfungskette in folgende Modelle auf:

- Direktverkauf
- Indirekter Verkauf
- Händler
- Marktplätze

Direktverkauf: Der Verkauf – direkt beim Hersteller – ist immer noch bei relativ wenigen Produkten möglich.

Indirekter Verkauf: Dieses Modell gehört zu den erfolgreichsten Modellen innerhalb des Netzes; Unternehmen wie zum Beispiel Amazon haben dank weiterer Partnerunternehmen als ihre „Affiliates" ihre heutige Grösse erhalten können. Jedoch liegt das Risiko nach wie vor beim Unternehmen selbst. Der indirekte Verkauf kann aber auch durch die Präsenz in einem neuen Kanal oder Marktplatz geschehen.

Händler: Durch effiziente Abläufe und eine straffe Prozesskette können Händler näher an ein Unternehmen gebunden werden.

Im Internet findet man oft auch den englischen Ausdruck „Merchant" für diese Art des Verkaufes.

Marktplätze: Unter „Marktplätzen versteht man virtuelle Orte, an denen sich die Nachfrage und das Angebot treffen.

Tipps speziell für Sie!

- Nutzen Sie allgemeine Coshopping-Seiten oder günstige Restposten innerhalb von Auktionen für Ihren Einkauf. Aber auch Preissuchmaschinen eignen sich hervorragend für einen raschen Preisvergleich.

- Verkaufen Sie selbst spezielle Restposten auf Auktionen. Wer weiß – manchmal wird gerade der bei Ihnen vorrätige Titel gesucht! Aber auch für Antiquariatsbücher sind Auktionen sehr gut geeignet. Oder veranstalten Sie zu festen Terminen selbst kleine Auktionen auf Ihrer Website! Jeder kann bieten, jeder kaufen, und Sie erst recht!

- Lassen Sie sich bei geeigneten Partnern oder auf Marktplätzen verlinken. Prüfen Sie auch regelmäßig Ihre Suchmaschineneinträge und pflegen Sie Ihre Keywords!

- Ordern Sie selbst Reseller für Ihre Buch-Produkte auf Ihrer Website und ermöglichen Sie – dank XML – eine einfach zu verwendende Datenbankabfrage Ihres Bestandes. Oder andersherum, sicher nicht für jeden geeignet, aber auch Sie könnten Ihr Sortiment ganz einfach erweitern. Werden Sie Reseller bei anderen und binden Sie, beispielsweise über eine aktuelle Preisabfrage, andere Shops mit an! Sie verdienen mit, fast ohne Aufwand.

- Kooperieren Sie mit geeigneten Lieferanten. Ihre Bücher müssen den Käufer so schnell wie möglich erreichen. Bieten Sie auch Geschenkverpackungen und Leseproben mit an, oder veröffentlichen Sie das Inhaltsverzeichnis.

Mein Buch-Shop

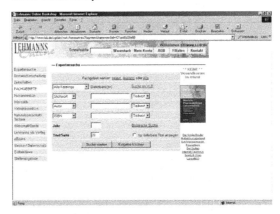

Abb. 8 http://www.lob.de

Eines der meistgekauften Produkte im Internet ist das Buch. Ihr Produkt! Ihr Warenangebot ist gefragt im Internet. Und wann verkaufen auch Sie Ihre Bücher im Internet?

„Shop" nennt man ein virtuelles Geschäft im World Wide Web. Ein Produktangebot, geordnet nach bestimmten Warengruppen oder Schwerpunkten, die Sie allein festlegen. Mit Preisangabe und Versandkosten. Und noch etwas – Ihr Shop ist 24 Stunden am Tag geöffnet, für jeden Internet-Nutzer auf der ganzen Welt. Eine so große Kundschaft hatten Sie sicher noch nie!

Das Shop-Layout

Der Erfolg eines Online-Shops ist untrennbar mit dem Layout und der Benutzerführung verknüpft. Zu Käufern werden Nutzer erst, wenn sich auch der virtuelle Einkaufswagen einfach bedienen lässt.

Betreiber von Online-Shops müssen ihr Shopping-System optimal gestalten. Im idealen Fall führen sie einen Kunden durch den Laden und geben ihm alle gewünschten Informationen, bis sie ihn schließlich zur Kasse und anschließend zum Ausgang begleiten.

Der Warenkorb

In einem Geschäft legt der Kunde Artikel in einem Korb ab, während er sich den Weg durch die Angebote bahnt, an Regalen vorbeizieht, Preise und Produkte vergleicht, wieder welche aus dem Wagen entfernt, bis er sich schließlich zur Kasse begibt. Auch in einem virtuellen Warenkorb werden die einzelnen Produkte samt Produktinformation und Preis abgelegt.

So ein Online-Warenkorb sollte einem Kassenbeleg gleichen. Neben produktspezifischen Daten wie Bestellnummer, Menge und Produktbeschreibung informiert er auch über den Preis. Ebenfalls sehr wichtig – die getrennte Auflistung der Zwischensumme, die sich auch aus der Addition der Einzelpreise ergibt, der Versandkosten, der Mehrwertsteuer und des gesamten Betrages. Wichtig ist dabei die Transparenz – der Kunde muss zu jedem Zeitpunkt überblicken können, welche Produkte im Warenkorb gelandet sind. Wichtig sind natürlich auch Informationen über Verfügbarkeit oder mögliche Lieferzeiten.

Es geht besser

Mit der reinen Auflistung aller gesammelten Informationen ist es aber noch nicht getan. Sie sollten Ihren Kunden die Möglichkeit geben, die Bestellung jederzeit beliebig zu bearbeiten. Achten Sie auf folgende vier Funktionen:

1. Die Änderung der Bestellmenge für jedes Produkt. Dazu verwendet man am besten ein einfaches Textfeld.

2. Produkte, die bereits im Warenkorb liegen, sollten beispielsweise über Kontrollkästen wieder entfernt werden können.

3. Die Zustelloptionen sollten angepasst werden können, der Kunde sollte beispielsweise entscheiden können, ob er eine Lieferung über einen Paketdienst, den normalen Postweg, eine

Spedition oder eventuell sogar per elektronischem Datenaustausch zugestellt bekommen will.

4. Schließlich sollten Sie eine Schaltfläche „Warenkorb aktualisieren" vorsehen. Über diese werden die gewünschten Änderungen im Warenkorb sofort sichtbar vorgenommen. Bei der Aufbereitung der Warenkorbeinträge werden in der Regel Tabellen verwendet. Sie machen eine saubere Auflistung der Einträge möglich. Empfehlenswert ist es zudem, die Produktbezeichnungen oder Kurzinfos mit einem Hyperlink zur ausführlichen Produktbeschreibung zu verknüpfen. Per Mausklick kann der User so schnell noch einmal einen Blick auf diese Informationen werfen.

Site-bezogene Elemente

Wichtig ist beim Geschäftsbummel Ihres Cyber-Kunden, dass er seinen Einkauf auch aus dem Warenkorb heraus fortsetzen kann. Dazu führen Sie eine Schaltfläche „Zum Katalog" (beispielsweise) ein. Ergänzend ist auch eine Suchfunktion möglich. Obligatorisch ist außerdem eine Funktion „Zur Kasse". Wo aber platziert man diese Funktionen? Hier greift man auf altbekanntes Wissen aus der Psychologie zurück. Die meisten Menschen lesen Dokumente von oben links nach unten rechts. Der Blick wandert nach dem Überfliegen des Warenkorbinhaltes immer auf den Gesamtbetrag. Daher sollte man die Funktionen „Zum Katalog", eventuell auch „Suche nach weiteren Produkten" und „Zur Kasse", unterhalb der Auflistung des Warenkorbinhaltes aufführen.

Der Weg zur Kasse

Eng mit dem eigentlichen Warenkorb ist der Abschluss der Bestellung verbunden. Dabei spricht man auch häufig vom Check-out. Hier können folgende Funktionen platziert werden:

- Abfrage der persönlichen Daten wie Postanschrift und E-Mail-Adresse, eventuell auch Ruf- und Faxnummer

- Abfrage der Lieferadresse

- Art der Zustellung (Postweg oder Paketdienst)

- Zahlungsmodalitäten

- Übermittlung der Bestellung

- Bestätigung

Das Kundenkonto

In der Praxis hat es sich bewährt, auf die Funktion „Bestellung aufgeben" die Registrierung des Kunden folgen zu lassen. Dort wird ein Kundenkonto angelegt, in dem das Kundenprofil samt Lieferanschrift und Zahlungsmodalität verwaltet wird. Für bestehende Kunden ist ein einfaches Login ausreichend. Das erspart Ihren Stammkunden das nochmalige Ausfüllen typischer Formulare. Dennoch sollten Sie auch darauf achten, dass Ihr Kunde beispielsweise für die aktuelle Bestellung Zahlungsmodalitäten oder Lieferanschrift ändern kann. Solche personenbezogenen Daten sollten SSL-geschützt übermittelt werden.

Nachdem der Kunde seine Bestellung getätigt hat, erhält er zumindest per E-Mail eine Bestätigung zu seinem Einkauf.

Shop-Inhalte

Die digitale Datenhaltung, selbst innerhalb von Verlagen, ist oft noch nicht durchgängig organisiert. Aber nur die computergestützte Verwaltung aller Inhalte – Texte, Bilder, Filme, Musik etc. – erlaubt das rasche Einbinden in ein Shop-System. Nicht nur Titelbilder und Teile aus dem Inhalt Ihrer Bücher sollten digital verfügbar sein, sondern auch Illustrationen, Werbemittel und Pressematerial. Meist werden Ihre Daten in Form von Textdateien, Bildern, Fotos, Quark- und Photoshop-Dokumenten, Schriften, Logos sowie weiterer Formaten vorliegen. Bemühen Sie sich, Ihre Daten möglichst in einem medienneutralen Format zu verwalten. Das erlaubt Ihnen die Verwendung für alle gängigen Medien – Druck, Print, Internet, PDA's und Telefone, Filme und externe Datenträger. Dafür ist mittlerweile XML das Standardformat.

Bezahlen

Der Markt für Bezahlinhalte im Internet hat in den letzten Jahren viele neue Impulse erfahren. Zahlreiche Verlage beabsichtigen mittlerweile, ihre exklusiven Inhalte gegen Bezahlung an die Besucher ihrer Website abzugeben.

Sicherer Zahlungsverkehr und mehrere Bezahlverfahren bilden ein entscheidendes Kriterium bei der Auswahl eines Shop-Systems. Shops übertragen Kundendaten verschlüsselt mit SSL (Secure Socket Layer), dem technischen Verfahren.

Üblich sind allgemein, per Kreditkarte, Lastschrift, Rechnung oder Nachnahme-Versand zu bezahlen. Weitere Standards sind die Smartcard, elektronisches Geld, elektronisches Lastschriftverfahren sowie die Bezahlung via Mobiltelefon.

E-Shop-Software

E-Shop-Software gibt es in einer großen Vielfalt. Zusätzlich variieren die Preise der einzelnen Shop-Systeme aber sehr stark. Die Orientierung fällt leichter, wenn man weiß, ob man auf längere Sicht auch mit einem einfachen System, das die wichtigsten Bezahlsysteme und einen Warenkorb beinhaltet, gut fährt, oder ob demnächst eine ganze E-Commerce-Suite notwendig werden wird.

Mindestens sollte Ihr Shop folgende Funktionen beinhalten:

- Möglichkeiten zur Generierung der Navigation
- Sitemaps
- Übersichtslisten
- zeitgesteuerte Veröffentlichung
- Linkprüfung
- Benutzer, Gruppen oder Rollen
- Einbindung externer Datenquellen.

Grundsätzlich gilt: Wer einen Shop ins Internet stellen will, muss mit einem System in das neue Geschäftsmodell einsteigen, das eine möglichst reibungslose Integration des bestehenden ERP-Systems garantiert. Der Softwarehersteller sollte Schnittstellen für die gängigen Systeme bereitstellen.

Denn so fällt der hohe Zeitaufwand weg, den die Anbindung jeder neuen Software an den Daten- und Softwarebestand im Unternehmen nach sich zieht. Um so mehr, wenn es sich um ein System handelt, das Informationen aus allen Bereichen eines Unternehmens bezieht und an diese zurückgeben soll.

Für den Warenkorb gilt: Er muss mehrere Produkte gleichzeitig aufnehmen können, eine Brutto- und Nettopreiskalkulation ermöglichen und erlauben, dass der Kunde Waren herausnimmt. Außerdem braucht ein vernünftiges Shop-System einen E-Katalog, in dem Informationen über die Produkte dargestellt werden, eine Möglichkeit zur Registrierung für die Kunden und verschiedene Kommunikationskanäle. Zu letzterem gehören zum Beispiel E-Mail-Funktionen oder Chats.

Ihr Shop zur Untermiete

Um einen professionellen Onlineshop zu betreiben, müssen Sie die Software nicht gleich kaufen. Eine gemietete Lösung bietet oft ausgezeichneten Komfort und Sicherheit. Vor allem dann, wenn sie von einem Full-Service-Provider stammt.

Einen virtuellen Laden zu eröffnen, ist weitaus weniger aufwendig als eine Boutique in der Hamburger Innenstadt. Die Ladenmieten fallen weg, meist auch teures Personal. Neben einem handelsüblichen PC und Internetanschluss braucht der künftige Online-Händler nur noch die Shopsoftware.

Ein Mietshop beinhaltet in der Regel folgende Features:

- mehrere Sprachen und Währungen,
- übliche Zahlungsarten,
- Warenkorb,
- ausreichend Speicherplatz für Artikel,
- kostenloser Support,
- sichere Datenübertragung,
- schneller Seitenaufbau,
- Domain-Log-Auswertung,
- ausreichend Transfervolumen, Speicherplatz und Accounts,
- Aufnahme in ein Einkaufsportal.

Der sichere Umgang mit Kundendaten gehört neben einfacher und komfortabler Bedienung mit zu den wichtigsten Voraussetzungen für einen erfolgreichen Onlineshop.

Eines der sichersten Verfahren ist die Online-Übertragung der Daten per SSL (Secure Socket Layer). Nur Shopsysteme, die dieses Verschlüsselungsverfahren anwenden, stellen sicher, dass Hinz und Kunz persönliche Bestelldaten nicht einsehen können.

Das Beispiel

Michael Urban, Gründer von buch.de: „Wer Geld verdienen will, der muss die Wertschöpfungskette optimieren."

Michael Urban gründete die buch.de internetstores AG (www.buch.de) im Mai 1998. Im November 1999 folgte die Erstnotierung am Frankfurter Neuen Markt. Im Schnitt versendet der Internet-Buchladen buch.de Internetstores AG monatlich mehr als 20.000 Bücher. Dabei setzen die Ibbenbürener auf eine umfangreiche eigene Datenbank mit deutschen und internationalen Titeln, extrem kurze Ladezeiten und eine schnelle Suchmaschine. Seine Marktposition hat buch.de durch strategische Partnerschaften ausgebaut. Neben dem Verkauf von Büchern übers Internet bietet buch.de auch den Online-Versand von Blumen.

Vom Shop zum E-Commerce

Der Shop allein bringt kaum schnellen Umsatz. Öffentlichkeitsarbeit und Marketing sind auch hier die Zauberworte. Ein weiteres Geheimnis heißt „Kooperation". Um möglichst schnell und flexibel auf Kundenwünsche reagieren zu können, setzen viele Anwender auf die Kooperation mit anderen.

E-Commerce ist ein wesentlicher Erfolgsfaktor für Ihr Geschäft. Das beweisen nicht zuletzt die steigenden Umsatzzahlen der Unternehmen, die das E-Commerce strategisch – und nicht um jeden Preis – für sich entdeckt haben.

Marktplätze

Abb. 9 http://www.amazon.de

Das Thema „Marktplatz" hängt etwas bedrohlich über vielen
Buchhandlungen und Verlagen. Sicher nicht ganz zu unrecht,
aber wie so oft, sind auch hier die Vorzüge erwähnenswert, die
Trends gehen nun einmal seit Jahren in diese Richtung, und
zentrale Punkte im Internet ziehen erfahrungsgemäß mehr
Nutzer an.

Was ist ein Marktplatz?

Ein Marktplatz ist eine kommerzielle Einrichtung, die – wie im
realen Leben auch – eine vermittelnde Funktion einnimmt. Er
verbindet Angebot mit Nachfrage, er bringt Anbieter und
Kunden zueinander. Oder er schafft eine geeignete
Infrastruktur, in der sich gut Geschäfte machen lassen. Auch
geeignete Transaktionswege, schon vorkonfektionierte
Geschäftsprozesse, bietet er zumeist.

Welche Marktplätze gibt es?

Im Fachjargon unterscheidet man, je nach Funktion, drei unterschiedliche Typen.

Der persönliche Marktplatz: Handelspartner stehen in direktem Kontakt. Sie kommunizieren über vernetzte Systeme miteinander. Die geschäftlichen Transaktionen sind aufeinander abgestimmt und damit optimiert.

Der abwickelnde Marktplatz: Die Anbieter stellen entsprechende Infrastruktur und Schnittstellen zur Verfügung. Die Einkäufer brauchen bei einer mehrheitlichen Zahl an Zulieferern nur eine technische Schnittstelle.

Der vermittelnde Marktplatz: Die Kontakte laufen über den Marktplatzbetreiber. Alle geschäftlichen Transaktionen werden direkt abgewickelt.

Vom Aufbau her unterscheidet man zwei Arten von Marktplätzen.

Horizontaler Marktplatz: elektronische Einkaufs-Zentren, Shopping-Malls.

Vertikaler Marktplatz: richtet sich mehrheitlich an die Hauptbedürfnisse eines Kunden.

Will ich Anbieter oder Kunde sein?

Anbieter sind Sie dann, wenn Sie sich einem Online-Marktplatz, z. B. Amazon.de, anschließen und dort Ihre Bücher und andere Produkte verkaufen. Oder wenn Sie einen eigenen Marktplatz aufbauen und darüber auch Ihre Produkte vertreiben. Und als Kunde kaufen Sie vielleicht Büromöbel in einem Marktplatz ein, oder Sie schreiben die Implementierung eines Content-Management-Systems in einem Marktplatz aus. Also nicht nur um Produkte geht es, auch um Dienstleistungen.

Der Warenkorb

Für alle Produkte gibt es nur einen Warenkorb, egal, welcher Anbieter dabei im Spiel ist. Dabei ist die Mehrwertsteuer – aufgrund der hohen Anzahl von Geschäftskunden – immer extra ausgewiesen. Täglich kann der Kunde seinen

Bestellstatus einsehen, und meist bekommt er, generiert über ein sogenanntes CRM-System (Customer Relationship Management) weitere Kaufempfehlungen für seinen persönlichen Account („Mein Konto") generiert. Lieferscheine, Rechnungen und weitere Mitteilungen werden gleichfalls voll automatisch aus der Marktplatz-Software generiert.

Die Bestellung

Käufe und Bestellungen können über verschiedene Wege generiert werden – das Procurement-System, per E-Mail, Telefon oder Fax. Jede Bestellung geht zudem in das Kundenprofil ein.

Die Belieferung

Oft werden die bestellten Produkte bereits innerhalb von 24 h geliefert. Üblich sind jedoch zwei bis drei Werktage.

Die Berechnung

Die Berechnung erfolgt zumeist steuer- und revisionssicher als sortierte Sammelrechnungen per Gutschrift, und natürlich als elektronische Datei.

Die Beschaffung

Beliefert wird der Marktplatz von den Anbietern, oder falls Sie Ihren Shop zu einem Marktplatz erweitern wollen, von Ihnen. Wichtig ist dabei auch ein umfassender Service für die Käufer.

Der Bericht

Meist täglich erreicht Sie ein Bericht über alle Aktivitäten auf dem Marktplatz, die Ihre Produkte betreffen.

Umsatzanstieg im Online-Handel

Der Umsatz im Online-Handel in Deutschland ist 2004 um 76 Prozent im Vergleich zum Vorjahr auf 202,6 Milliarden Euro gestiegen. Das ergab eine Studie des Marktforschungsinstituts European Information Technology Observatory (EITO) im Auftrag des Bundesverbandes Informationswirtschaft,

Telekommunikation und neue Medien (Bitkom). Deutschland liegt, was den Online-Umsatz betrifft, im Vergleich mit den westeuropäischen Ländern mit 30 Prozent Marktvolumen in Höhe von 680 Milliarden Euro 2004 vorn, gefolgt von Großbritannien, Frankreich und Italien.

Dabei entfallen 89 Prozent des Umsatzes auf Transaktionen zwischen Unternehmen (Business-to-Business). Auch der Online-Handel mit Privatkunden (Business-to-Consumer) stieg 2004 deutlich an (um 74 Prozent auf 22,3 Milliarden Euro).

Schätzungen der Marktforscher zufolge soll der Umsatz in den nächsten Jahren weiter zunehmen. Prognosen sehen ihn im Jahr 2008 bei rund 670 Milliarden Euro.

Ihr Marktplatz im Internet

Wenn Sie Ihren eigenen Marktplatz im Internet aufbauen möchten, achten Sie bitte darauf, dass Sie ausreichende Alleinstellungsmerkmale hinsichtlich Ihres Portfolios besitzen. Ein Verlag wäre dazu mit Sicherheit geeignet, auch ein Antiquariat. Oder Sie kooperieren mit einigen weiteren Anbietern und bauen Ihren Marktplatz gemeinsam auf.

Leser-Rezensionen

Leser mögen Leser-Meinungen. Niedergeschrieben und wiedergegeben an entsprechenden Stellen in Ihrem Marktplatz. Leser überzeugen Leser.

Geschenkartikel und Merchandising

Das Plüschtier zum Kinderbuch. Oder die passende Geschenkverpackung mit Aufpreis. Vielleicht aber auch ein Präsentkorb oder ein exquisites Weinangebot? Erweitern Sie Ihren Marktplatz mit einem ausgewählten Sortiment weiterer Produkte.

Event-Charakter

Schenken Sie Ihren Käufern eine Community! In Foren und Chaträumen können sie sich miteinander unterhalten, vielleicht auch selbst gebrauchte Bücher einstellen, eigene Leistungen anbieten ... ein Platz zum Wohlfühlen! Dann kommen sie auch wieder, Ihre Leser.

Gebrauchte Bücher

Erweitern Sie Ihren Marktplatz um ein Antiquariat. Vielleicht auch um eine Büchersuche! Ehemals gekaufte Bücher können bei Ihnen weiter verkauft werden. Der Marktplatz lebt! Vergriffene Auflagen gibt es nun doch wieder, und der Nutzer muss nicht unverrichteterdinge weiterziehen.

Presse-Vertrieb

Warum nicht sein Angebot erweitern und entsprechende Fachzeitschriften mit ins Boot holen? Periodika bringen immer neues Leben auf die Seiten. Und für Sie eine Reihe weiterer Einnahmen durch Verkauf und Abonnement.

Content-Provider

Und schließlich und endlich sind Sie die größten Content-Anbieter weit und breit. Vor allem als Verlag. Verkaufen Sie Ihren Content, Ihre Texte und Bilder, gewinnbringend im Netz.

Rosige Zukunftsaussichten

„Das Wachstum im Online-Buchmarkt setzt sich fort", so argumentierte die Wirtschaftswoche vom 5. August 2004. Dieter Schormann, Vorsteher des Börsenvereins des deutschen Buchhandels, schätzt, dass dieser positive Trend weiter anhält und der Anteil verkaufter Bücher im Internet schon in zwei bis drei Jahren auf zehn Prozent anwachsen wird.

Bücher gehören neben Musik, Software, Reisen und Computerzubehör zu den Warengruppen, mit denen die meisten Umsätze im B2B-E-Commerce erzielt werden.

Das Beispiel

Bücher wurden bereits elektronisch vertrieben, als das Internet in seiner heutigen Form noch gar nicht existent war. Seine Vorläufer, das Minitel in Frankreich und das deutsche Btx, brachten die ersten Pioniere des elektronischen Buchhandels hervor.

Weil ihm sein Pariser Bücherladen zu klein geworden war, bot Francois de Poncheville ab 1988 über 40.000 Buchtitel in einem elektronischen Buchportal an. „Alir", so der Name in Anlehnung an das französische „à lire" – zum Lesen, konnte bereits den Standard-Service heutiger Online-Portale vorweisen: Es verfügte über Suchfunktionen nach Autor und Titel und über zahlreiche Informationen zu den angebotenen Büchern. So wurden die wichtigsten Neuerscheinungen vorgestellt, Literaturkritiken in der Presse zusammengefasst, und in einer Kategorie empfahl der umtriebige Buchhändler seine Lieblingsbücher. Für persönliche Empfehlungen und Fragen konnten sich die Nutzer zudem direkt an ihn wenden. Auch mit preisreduzierten Sonderangeboten lockte er Kundschaft – mit Erfolg: Etwa 50 Bestellungen erreichten de Poncheville täglich, schätzungsweise jeder fünfte Besucher des Portals bestellte etwas. Jedoch konnte auch er nicht verhindern, dass sein Online-Buchladen von vielen als pure Informationsquelle genutzt wurde – um dann woanders zu kaufen. Neben ihm gab es in Frankreich zahlreiche andere Buchhändler, die das Minitel zum Verkauf nutzten.

Sie sehen, selbst ein kleiner Buchladen kann sich etwas einfallen lassen, um in einem weltumspannenden Netz seinen großen Markt zu finden. Sie auch?

E-books

Abb. 10 http://www.ciando.de

Was ist ein e-book?

E-book heißt auf deutsch „elektronisches Buch". Genauso wie
bei e-commerce, e-marketing oder e-mail steht das „e" für
„elektronisch". In einem elektronisch gespeicherten Buch
befinden sich Texte, Bilder sowie weitere Bestandteile in einer
Datei. Jedes der von Ihnen verlegten, produzierten oder
verkauften Bücher kann gleichzeitig als e-book angeboten
werden. Dabei ist das e-book als Datei auf einem Datenträger
gespeichert. Von dort aus wird es – wie jede andere Datei auch
– geöffnet und kann mit Hilfe eines Programms (der e-book-
Reader) auf dem Bildschirm angeschaut werden. Für das
Lesen elektronischer Bücher gibt es unterschiedliche Hard- und
Softwareplattformen, deshalb ist ein e-book meist in
unterschiedlichen Versionen erhältlich.

Warum lesen wir e-books?

Der Bücherschrank ist voll, zu schade zum Aussortieren. Der
Sohn braucht für sein Studium oder die Arbeit aktuelle

Fachbücher, Workshops oder Anleitungen. Immerhin dauert es einen, zwei oder drei Tage, bis ein bestelltes Buch seinen Käufer erreicht. Das e-book hat er umgehend. Elektronische Bücher sind auch elektronisch speicherbar, durchsuchbar, evtl. auch kopierbar. Standardwerke werden oft als OpenBooks (Freeware) gehandelt und können weitergegeben werden. Dafür steht beispielsweise der Verlagsname „Galileo Press" oder auch das bekannte HTML-Kompendium „SelfHTML" für Web-Designer.

Wie erstelle ich ein e-book?

Die dafür notwendige Software gibt es zumeist gratis im Internet. Die Grenzen beginnen da, wo der Verkauf von e-books anfängt. Hier wird in der Regel mehr Technik benötigt, was oft nur durch einen entsprechenden Dienstleister bewerkstelligt werden kann. Die Dateien müssen verschlüsselt oder individualisiert werden, so dass sie nur auf einem Gerät lesbar sind, um Raubkopien zu verhindern. Ebenso sollte auf dem System des Anbieters ein Bezahlsystem vorhanden sein, mit dem das e-book online per Kreditkarte erworben werden kann.

E-books werden zumeist auf dem normalen PC, mit einem PDA (Persönlicher Digitaler Assistent) oder mit speziellen Geräten gelesen. Entsprechend vielfältig sind die jeweiligen Reader für e-books. OpenBooks gibt es bereits als HTML-Seiten oder als PDF – also ganz normale und bekannte Dateiformate, die jeder öffnen kann.

Als professionelle Dateiformate für ein e-book haben sich für Palm-Geräte das Doc-Format sowie das Palm-Reader-Format durchgesetzt. Erzeugt werden die entsprechenden .pdb-Dateien durch die Überarbeitung von Texten (spezielle Formatierungen) sowie die Umwandlung (über Konverter) in eine .pdb-Datei.

Für Windows-PC und PocketPC werden .lit-Dateien relativ einfach mit Word sowie einem entsprechenden PlugIn erstellt, das Microsoft zum Download anbietet. Professionellere Programme dafür sind, auch teilweise kostenlos, Reader Works und Reader Studio.

Wo werden e-books verkauft?

E-books sind in der Regel deutlich preisgünstiger als gedruckte
Exemplare. Gekauft werden sie beim Online-Medienhändler
oder auf Ihrer Homepage. Besonders bekannt als Marktplatz für
e-books ist die Plattform www.ciando.com. Mehr als 80 Verlage
kooperieren bereits mit ciando. Aber auch bei amazon.de,
libri.de und in anderen Märkten findet sich schon seit einiger
Zeit ein Sortiment e-books zum Kauf.

Welche Vorteile habe ich als Verlag vom Verkauf meiner Bücher als e-books?

Erst einmal entfallen die Druckkosten. Sie haben also selbst
weniger Kosten bei der Buchproduktion, als wenn Sie nur
gedruckte Titel anbieten. E-books lassen sich leicht
personalisieren und individualisieren. Das könnte für Sie
besonders interessant sein, wenn Sie Unternehmen als Kunden
bedienen. Für manche Käufer sind nur Teile eines Buches
interessant. Sie kaufen nur den bestimmten Abschnitt. Auch
das ist möglich. Und Sie können Autoren eine Heimat bieten,
die es sich nicht leisten können oder wollen, einen
Druckkostenzuschuss zu bezahlen (falls diese Modalität für Sie
überhaupt infrage kommt).

Auktionen

Abb. 11 http://www.hood.de

Auktionen und Auktionshäuser sind ja nichts Neues.
Kunstobjekte und wertvolle Antiquitäten werden seit mehr als
hundert Jahren über Auktionen an den Meistbietenden verkauft.
Seit 1997 etwa gibt es diese Verkaufsidee auch im Internet,
virtuell natürlich, aber hier für fast alle nur vorstellbaren
Gebrauchsgüter und Dienstleistungen.

Wofür eignen sich Auktionen besonders?

Allgemein gesagt, für Produkte und Dienstleistungen am
Rande, also alte Lagerbestände, Restposten, begrenzt
verfügbare Produkte. Aber auch für Hersteller und Großhändler
ist eine Auktion ein geeigneter Vertriebsweg. Beim Buchhandel
direkt würde ich hier preisgesenkte Ware, Lagerbestände sowie
seltene oder Auslaufexemplare sehen.

Was macht Auktionen so besonders interessant?

Kaufen Sie bei Auktionen ein! Suchen Sie ein bestimmtes
Produkt, beispielsweise Computer, Laptop, Tintenpatronen,

Büromaterial, Kameras und vieles andere zuerst einmal bei eBay, dem immer noch größten Internet-Auktionsportal. Sie könnten erhebliche Summen Geldes dabei sparen. Diese Produkte, ihre Herkunft, aber auch der Verkäufer selbst werden immer transparenter, und Sie selbst sind dabei weitgehend anonym bis zum Vertragsabschluss. Und dann geht es ganz schnell. Meistens hilft noch ein Treuhandservice bei der Geldtransfusion. Aber der Verkäufer wird unverzüglich liefern, möchte er doch eine gute Bewertung von Ihnen. Das gleich gilt, wenn Sie als Verkäufer auftreten. Sicheres Geld, prompte Lieferung.

Welche besonderen Serviceleistungen bietet eBay (als Paradebeispiel!)?

Ebay beherrscht nun einmal den Markt für Online-Auktionen. 2,2 Milliarden US-Dollar im Jahre 2003, und der Boom für den Auktionshandel im Internet hält weiterhin an, künden davon.

Mit Sofort-Kaufen-Funktionen gibt es längst keine reinen Auktionen mehr. „Sofort kaufen" lohnt sich, wenn Sie mehrere gleiche Produkte über eine Auktion vertreiben wollen. Auch Cross-Selling – dem Käufer werden nach dem Kauf weitere, zusätzliche Produkte angeboten – ist schon längst keine Domäne der Marktplätze mehr. Händler mit einem größeren Warenbestand können spezielle Schulungen als Verkäufer bei eBay buchen. EBay bietet auch bestimmte Software-Tools, die Ihnen ein schnelles und effektives Einstellen Ihrer Produkte sowie die Betreuung Ihrer Auktionen erleichtern. Darüber hinaus stellt eBay auch offene Schnittstellen für die eigene individuelle Programmierung zur Verfügung.

Wie kommt ein Vertragsabschluss über eBay zustande?

In dieser Problematik äußerte sich Rechtsanwalt T. Moosmüller folgendermaßen: „Über eBay werden verschiedene Vertragsformen angeboten. Die meisten Verkäufe laufen über die Auktion ab. Rechtlich handelt es sich nicht um eine Auktion im klassischen Sinne, sondern um Kauf mit Höchstgebot. Der Käufer bietet einen Gegenstand zu einem Startpreis für eine bestimmte Auktionsdauer an. Der Vertrag kommt mit dem Höchstbietenden zustande. Dieser ist an sein Gebot gebunden.

Einer nochmaligen Bestätigung bedarf es daher zur
Rechtswirksamkeit nicht mehr." [Quelle: C-Markt, 10/2004]

Gilt die Buchpreisbindung auch für Auktionen?

Heise berichtete am 14. Juni 2004 dazu: „Im verbissenen
Kampf um die Buchpreisbindung hat sich die deutsche Branche
in den vergangenen Jahren mit Erfolg gegen die EU-
Wettbewerbshüter behauptet."

Wenige Tage später berichteten Zeitungen, dass „neue Bücher
im Internet-Auktionshandel nicht unter dem gesetzlich
gebundenen Ladenpreis veräußert werden dürfen" (gelesen bei
www.hronline.de), so entschied das Oberlandesgericht
Frankfurt in einem Grundsatzurteil.

Welche Käufer besuchen Auktionen des Buchhandels?

Die Kunden im Buchhandel sind, laut Semiometrie-Analysen
von Marktforschern, überdurchschnittlich kulturell wertorientiert
und verfügen über eine stark verträumte Grundhaltung zur
Realität. Hinzu kommen – bei Auktionen insbesondere – ein
starker Spieltrieb, die Freude am Gewinnen. Hingegen bei
AutoScout24 oder Mobile.de, übrigens auch ein eBay-
Geschäftszweig, verfügen die Kunden vor allem über eine
dominante sowie familiäre Wertorientierung.

Auktionen – weitere Beispiele

www.auktion.de
Auch eine zentrale Auktions-Site im Internet.

www.Azubo.de
Der Auktionspreis wird schrittweise gesenkt bis zu einem
Mindestpreis, oder bis ein Käufer gefunden ist.

www.hood.de
Eine Internet-Auktion, die keine Gebühren oder Provisionen
verlangt. Sie finanziert sich allein über Werbeeinnahmen.

www.auktionen-9.de
Eine Auktionssuchmaschine im Internet.

www.alleauktionen.de
Eine gute Übersicht über alle Auktionen im Internet.

www.oliver-hees.de
Oliver Hees, der Geschäftsführer von LiesMalWieder, Online-Buchhandlung, veranstaltet hier kostenlose Bücherauktionen, Auktionen für Neu- und Gebrauchtbücher.

www.internet-buchauktion.de
Eine Beispiel-Site für antiquarische Bücher und Grafiken. Das Antiquariat W. Steinbeißer, Ingolstadt, veranstaltet zu bestimmten Zeiten eine Auktion, sonst können Sie aber den antiquarischen Shop besuchen.

Checkliste: Wie verkaufe ich erfolgreich über eBay?

Die Überschrift ist erfolgsentscheidend

Die Überschrift ist das einzige, was potenzielle Interessenten zunächst von Ihrem Angebot sehen. Beschreiben Sie daher mit 45 Zeichen so detailliert wie möglich, welches Produkt Sie verkaufen. Hier sollten mögliche Bieter auch erkennen können, ob es sich um neue und intakte Ware handelt.

Die Produktbeschreibung verhilft zu Seriosität

Je genauer Sie das angebotene Produkt beschreiben, um so besser weiß der potenzielle Käufer, für was er eigentlich bietet. Hat der Artikel noch Garantie, steigert das die Verkaufsaussichten. Vermeiden Sie bei der Produktbeschreibung Rechtschreibfehler und achten Sie darauf, den Text so professionell wie möglich zu gestalten.

Verwenden Sie Bilder

Ein Bild sagt mehr als tausend Worte. Händler, die Original-Bilder ihrer Ware auf die eBay-Website stellen, machen deutlich mehr Umsatz als Anbieter ohne Bild. Noch ein Trick: eBay stellt nur das erste Foto kostenlos online, haben Sie weitere Produktbilder, verlinken Sie doch einfach auf Ihre eigene Website.

Wählen Sie den richtigen Einstiegspreis

Je höher Sie Ihren Einstiegspreis wählen, desto weniger Bieter
werden in Ihre Auktion einsteigen. Zwar stellen Sie damit
sicher, dass Sie Ihre Produkte nicht unter Wert verkaufen, doch
zeigt die Erfahrung, dass Auktionen mit einem Einstiegspreis
von einem Euro häufig die besseren Endpreise erzielen, weil
sich Käufer einen Wettstreit um den Artikel liefern.

Zeit spielt eine Rolle

In der Regel verzeichnet eine Auktion in den ersten Stunden
nach Beginn und in den letzten Stunden vor Ablauf der
Bieterfrist das größte Bieterinteresse. Der Endpunkt sollte also
so gewählt sein, dass möglichst viele Interessenten online sind
– beispielsweise am Wochenende.

Der Bieter ist König

Negative Bewertungen bei eBay halten viele Käufer von der
Teilnahme an Ihrer Auktion ab. Versuchen Sie deshalb positive
Bewertungen zu erzielen, indem Sie Kundenanfragen schnell,
höflich und ehrlich beantworten und die Ware möglichst schnell
und zuverlässig an den Kunden ausliefern.

Mein Antiquariat

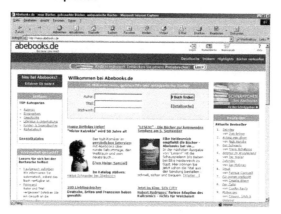

Abb. 12 http://www.abebooks.de

Noch nicht sehr viele Antiquariate finden sich heute bereits im Internet. Vorreiter waren und sind viel mehr die Marktplätze für gebrauchte Bücher, Remittenden und Restauflagen, oft im Verein mit den bekannten Online-Buchhändlern.

Was ist ein Antiquariatsbuchhändler?

Encarta sagt dazu: „der gewerbsmäßige Vertrieb bzw. Handel mit alten, seltenen und wertvollen sowie gebrauchten Büchern und Restauflagen. Die Aufgabe des Antiquariates besteht im Unterschied zu Sortiment und Verlag im Auffinden, der wissenschaftlichen Erfassung und dem Verkauf alter Buchbestände."

Geschäftsmodell „Antiquariatsbuchhandel"

In dieser Definition sind bereits die drei wesentlichen Aufgaben des Antiquariatsbuchhandels enthalten: Auffinden, wissenschaftliche Erfassung und Verkauf.

Gerade das Auffinden von Büchern, die gewinnbringend weiterverkauft werden können, ist eine Spezialität der Antiquariatsbuchhändler. Jeder Buchhändler hat „seine Quellen", besucht Auktionen und Messen, informiert sich über Bibliotheksauflösungen, hat viele Kontakte und studiert vielleicht sogar die Todesanzeigen in der Zeitung.

Die wissenschaftliche Erfassung ist ein wichtiger Aspekt gerade bei wertvollen Büchern. Will ein Antiquariatsbuchhändler im Internet aktiv werden, so muss er eine Plattform aufbauen, wo er diese Werke in geeigneter Form präsentiert. Dabei kann er nicht auf den Vorteil des Online-Buchhändlers spekulieren, der mit vorerfassten Katalogdaten operiert. Der Antiquariatsbuchhändler muss selbst Zustand und Wert seiner Einzelstücke abschätzen und entsprechend darstellen.

Der Verkauf schließlich bringt den Erlös der Mühe und Arbeit, die ein Antiquariatsbuchhändler im Finden und Präsentieren seiner – oftmals – Einzelstücke investiert hat. Hier ist das Online-Antiquariat gezwungen, Payment-Lösungen an die eigene Plattform anzuschließen und kann selten auf bereits Vorhandenes zugreifen.

Antiquariate im Internet

Bisherige Präsentationen von Einzel-Antiquariaten im Internet zeugen meines Erachtens von einem hohen fachlichen Informationsgehalt, aber meist auch von mangelhaftem Design und wenig Kommunikationsmöglichkeiten mit dem Nutzer. Schön und nachahmenswert finde ich die oftmals gegenseitige Unterstützung bei der Suche nach bestimmten Büchern, Handschriften etc.

Antiquarische Datenbanken im Internet

http://www.antbo.de
Suchmaschine für das antiquarische Buch

http://www.abebooks.de
neue Bücher, gebrauchte Bücher, antiquarische Bücher

http://www.booklooker.de
Der Flohmarkt für Bücher, Filme und Musik

http://www.zvab.com
Zentrales Verzeichnis antiquarischer Bücher

http://www.bibliobase.de
Datenbank für antiquarische Bücher

http://www.biblioman.de
Die Europäische Datenbank für Bücher, Musik, Fotos, Kunst +
Design

http://buchanzeigen.de
antiquarische Bücher kaufen und verkaufen leicht gemacht
ohne Einstellkosten

http://www.buchfreund.de
antiquarische Bücher, Zeitschriften, Postkarten, Antiquariat

http://www.findmybook.de
Neue und gebrauchte Bücher, Fachbücher suchen mit
Preisvergleich

http://www.ilab-lila.com
Alte und bibliophile Bücher, Graphiken, Karten und
Autographen

http://www.prolibri.de
Verkaufsportal für antiquarische Bücher, Graphik und anderen
Artikeln aus dem Umfeld des Antiquariats

http://www.zeusman.de
Die zentrale europäische Suchmaschine für antiquarische
Bücher und Graphiken von 1450 bis heute

Das Beispiel

Abebooks.de ist Teil des weltweit größten Internet-Marktplatzes
für neue, gebrauchte, antiquarische und vergriffene Bücher.

Abebooks (Abebooks Inc.) wurde im Mai 1996 von Rick Pura
und Keith Waters in Victoria/Kanada gegründet.

Mit der Akquisition von JustBooks durch Abebooks Inc. im Oktober 2001 entstand der erste globale Internetmarktplatz für sogenannte „out-of-print"-Bücher mit heute mehr als 70 Mio. Büchern von über 13.000 Anbietern. Im Oktober 2004 akquirierte Abebooks Europe die spanische Gebrauchtbuchplattform Iberlibro.com und verstärkte damit seine Schlüsselposition im gesamteuropäischen Gebrauchtbuchmarkt.

Das Unternehmen firmiert unter dem Namen Abebooks und arbeitet profitabel. Die Plattformen von Abebooks Europe GmbH sind über die Webadressen Abebooks.de, Abebooks.co.uk, Abebooks.fr und Iberlibro.com zu erreichen.

Kooperationen im Internet

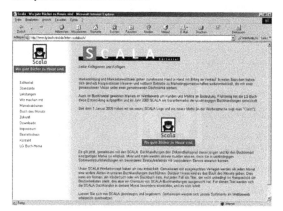

Abb. 13 http://www.lg-buch.mkd.de/intern.scalabuch/

Was ist eine Kooperation?

Die Kooperation ist eine Form der freiwilligen zwischenbetrieblichen Zusammenarbeit von mindestens zwei Unternehmen unter Wahrung wirtschaftlicher und rechtlicher Selbständigkeit. Auf Basis einer Kooperationsvereinbarung findet eine zweckorientierte Zusammenarbeit statt, die eine gemeinsame Erreichung eines oder mehrerer übergeordneter und nur gemeinsam erreichbarer Ziele anstrebt [Picot, A.; Reichenwald, R.; Wigand, R.: Die grenzenlose Unternehmung, Gabler Verlag, Wiesbaden 1998].

Mehr dazu finden Sie unter www.kooperationswissen.de.

Wo gibt es bereits Kooperationen im Buchhandel?

Am 9. Oktober 2002 erklärte der Deutsche Multimedia Verband (dmmv) e. V. in einer Pressemitteilung, Schwerpunkte der künftigen Herausforderungen und Chancen des Buchhandels im Online-Bereich seien die Themen digitaler Content und

Online-Marketingkooperationen. Man sprach auch von „Kooperationsmarketing", „Pay for Performance", „Affiliate Marketing" und „Integrative Marketingkonzepte".

Auf einer Hauptversammlung von buch.de, am 9. Juni 2004, heißt es, man sondiere derzeit intelligente Kooperationssysteme für Gebrauchtbücher und –medien.

Im Buchmarkt Großbritanniens gibt es einen Großhändler namens Bertram, der eine kooperative Zwischenform von Einkaufsgemeinschaft und eine freiwillige Kette für die unabhängigen Buchhandlungen anbietet.

Freiwillige Ketten, Kooperationen, Einkaufs- und Marketinggenossenschaften unter unabhängigen Buchhändlern – diese Kooperationsformen finden sich auch in Schweden und in den USA.

Wie nutzen Kooperationen das Internet?

Gemeinschaftswerbung, Markenbildung oder Einkaufsgenossenschaften sind unter den Bedingungen der Buchpreisbindung auch in Deutschland ein dringendes Erfordernis. Der Auftritt unter einem gemeinsamen Namen, sei es nun SCALA oder ein anderer, birgt Vorteile für jeden Geschäftsbereich in sich. Folgende Aktivitäten könnte eine Kooperation im Internet durchführen:

- gemeinsame Verkaufsplattform
- gemeinsame Einkaufsplattform
- Pressemitteilungen veröffentlichen
- digitale Informationen bereitstellen
- Veranstaltungen veröffentlichen
- Jobangebote veröffentlichen
- gemeinsames Online-Marketing
- u. v. m.

Was würde mich das alles kosten?

Zum einen – bisherige Kooperationen haben dem einzelnen Buchhändler ziemlich schnell einige Prozentpunkte mehr Umsatz beschert. Je mehr Kooperationspartner für das gemeinsame Auftreten gewonnen werden können, desto geringer sind die Kosten für einen einzelnen Buchhändler.

Entweder teilen Sie die Arbeit zu Beginn untereinander auf, oder Sie entschließen sich dazu, gemeinsam eine Halbtagsstelle und ein Büro zu finanzieren. Alles in allem könnten Sie zu Beginn mit 2.000,- EUR monatlich auskommen.

Gilt das auch für Verlage?

Verlage sind sogar die Vorreiter dieser Idee. Viele Verlage haben sich bereits unter einem Dach zusammengeschlossen und überleben auf diese Art und Weise. Da ein nennenswerter Umsatz auch durch die Verlage selbst generiert wird, gilt hier eine ähnliche Strategie.

Partnerschaften im Internet

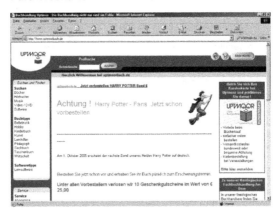

Abb. 14 http://www.uptmoorbuch.de

Wo sind die Kunden im Internet? Meistens auf den Seiten der
großen Internetbuchhandlungen, oder gar bei der Konkurrenz?
Dann haben Sie zwei Möglichkeiten. Einmal können Sie den
starken Kundenandrang großer Sites dafür nutzen, um als
Partner eines Verlages oder eines Internetbuchhändlers Ihre
Angebote mit auf dessen Seiten zu präsentieren. Oder Sie
nutzen das Partnerkonzept der Großen, um selbst – Ihrerseits –
ein Partnerprogramm anzubieten. Verwenden Sie dafür nicht
nur Ihre Website, sondern auch einen oder mehrere Vertreter
des Affiliate-Marketing wie z. B. zanox.

Was sind Partnerprogramme?

Partnerprogramme stellen virtuelle Filialvertriebssysteme im
Internet dar. Ein Internet-Händler, der ein Partnerprogramm
anbietet, möchte darüber neue Kunden gewinnen und erwartet
Marketing und Promotion für seine Site vom Partner. Der
Partner erhält Provisionen für den erzielten Umsatz und einen
Mehrwert für die Besucher der eigenen Webseite durch die
Produkte des Internet-Händlers.

Eine eigene Homepage ist natürlich Voraussetzung für die Teilnahme am Partnerprogramm. Der Internet-Händler stellt für die Anbindung der Partner-Seite Links, Banner und/oder Sourcecode (HTML, Javascript) zur Verfügung.

Über getätigte Verkäufe von Ihrer Seite aus erhalten Sie Informationen per Email oder Sie nutzen einen geschützten Bereich auf der Site des Internet-Händlers, zu dem Sie als Partner Zutritt erhalten.

Welche Arten von Partnerprogrammen gibt es?

Pay per Click

Für jeden Besucher bekommt der Partner eine Vergütung.

Pay per Lead

Der Partner erhält für jeden Besucher, der z. B. ein Formular ausfüllt oder ein Probeabonnement bestellt, eine Vergütung.

Pay per Sale

Ein Pay-per-sale-Programm sichert dem Partner für jeden tatsächlichen Verkauf eine Provision. Diese Provisionen können entweder als fixe Beträge oder prozentual zum erzielten Umsatz festgelegt werden.

Wo kann ich mich als Partner bewerben?

Nach Partnerprogrammen können Sie im Internet unter „Affiliate", „Reseller" oder „Partner" suchen. Sie finden zentrale Sites wie www.partnerprogramme.de oder www.zanox.de, wo Sie mitunter die Qual der Wahl haben. Oder Sie suchen spezieller im Buchhandel und bekommen dann Verlage und Internetbuchhändler gelistet, die Ihnen sicher schon bekannt sind.

Beispielsweise bietet der Erich Schmidt Verlag ein Partnerprogramm, das sich nicht nur auf geeignete Werbemittel beschränkt, sondern auch Bestelllisten, Übersichten, Titelportraits, Themenlisten und sogar Buchhandelsseminare sowie weitere Werbemöglichkeiten per Mailing oder Schaufensterwerbung bietet.

Ein typisches Partnerprogramm findet man bei baerens & fuss. Hier erhalten Sie für das Einbinden eines Banners oder eines Textlinks eine Vergütung in Höhe von fünf Prozent des generierten Umsatzes.

Natürlich können Sie sich auch bei amazon.de, bei O'Reilly oder Sellier als Partner anmelden.

Das Beispiel

Fragen Sie das Elbe-Team in Dresden, www.elbeteam.de, wie erfolgreich seine Strategie bis heute war! Ein Online-Antiquariat, das erst später zum stationären Buchhandel expandierte. 50 Prozent seiner Mitarbeiter sind körperbehindert, die übrigen waren langzeitarbeitslos oder ohne Ausbildung. Dabei nutzte das ostdeutsche Unternehmen von Anfang an Amazon, Abebooks, ZVAB und booklookers für den Verkauf seiner Bücher.

Wie kann ich selbst Partnerschaften vergeben?

Gestalten Sie einen Partnerbereich für Ihre Homepage, wo jeder Ihrer Partner seine individuelle Statistik einsehen und Werbemittel ordern kann. Gleichzeitig haben Sie damit eine Kundenbindung durch Ihre Partner erreicht, um die Sie fast jeder beneiden wird.

Das Beispiel

Die Buchhandlung Uptmoor unter www.uptmoorbuch.de macht es Ihnen vor. Sie bietet in ihrem Partnerprogramm nicht nur Bücher, sondern auch Software, Musik, Videos/DVD und Geschenke an. Zusammen mit einem Geschenk-Verpackungsservice wäre das vielleicht auch eine ideale Lösung für Sie! Die Joseph Uptmoor GmbH & Co KG bietet ihren Partnern 5 % Provision.

Abbildungsverzeichnis

* 9 7 8 1 4 0 9 2 0 4 3 6 7 *